U0165455

不虛度人生的日式智慧

心之道

KO
KO
RO

Japanese Wisdom for a Life Well Lived

Beth Kempton　　貝絲・坎普頓——著　　游淑峰——譯

謹將此書獻給

我的朋友
莉莎・孟克里夫（Lisa Moncrief）
1981- 2022

與

我的母親
克莉斯汀・尼克爾斯（Christine Nicholls）
1944- 2023

我的心裡有妳們，永遠。

目次

第三部：湯殿山 ── 在湯殿山上重生

──本書日文拼音使用說明[1]──

在本書中，日文使用赫本式羅馬字系統，包括人名，長音會以長音符號表示。但也有一些例外，包括一些通常以特定拼字書寫的地名，例如 Tokyo（東京）、Kyoto（京都）和 Niigata（新潟）。已被一般英語用法接受的外來名詞，以其被廣泛接受的形式呈現，不帶長音符號，例如 aikido（合氣道），不用 aikidō；Noh（能劇）不用 Nō。

為了方便參照，日文名是以標準英文名字的順序書寫（名在前，姓在後），除了廣為人知的歷史人物會以傳統的日本人名順序（姓在前）。

講到人的時候，字尾的 -san 有時是禮貌用法。山脈也可以在字尾加 -san（例如 Fujisan 指富士山），但在這種情況，字尾是強調山。當字尾有 -sensei，是指老師或教授。名字後有 Rōshi，指一位禪師。

在為本書的三部曲命名時，我借用了出羽三山

的漢字（羽黑山[2]、月山、湯殿山[3]），而出羽三山的日語發音依序分別是「Hagurosan」、「Gassan」和「Yudonosan」。

注意，這本書提到許多道元[4]這位十三世紀著名日本禪師的作品。這本書的篇幅不足以分享他原創的、長篇累牘的思想。然而，我將在本書提及的問題裡，提出我對那些思想的個人回應。若你想要閱讀他原始的文本，深入探究他的想法，請參閱書末的參考書目。

編按：若無特別註明，本書注解均為作者注。

---

1. 編注：此原為作者針對英文版讀者所作之說明。

2. 「羽黑山」的「羽」這個字有「翅膀」和「羽毛」的意思。資料來源：Halpern, Jack (Ed.,) NTC's New Japanese-English Character Dictionary (Tokyo: NTC, 1993) p.129。

3. 「湯殿山」沒有正式的英文譯名。有時候它被譯為「Bath Mountain」（湯山），但向當地解說人員諮詢後，我把它譯為「Sacred Spring Mountain」（聖泉山）。

4. 道元禪師也稱希玄道元。

——序——

廣井良典　教授

京都大學「人類社會的未來研究院」[5]

（前「心的未來研究中心」）

　　我四十歲出頭的時候，在八岳連峰有一段奇遇。這座火山山脈位於日本的主島本州心臟地區，從長野綿延到山梨。這裡是飛鼠、日本狸、狐狸和熊的家，當地豐富的動植物自史前繩紋時代[6]便支持了人類的生活，在這裡發現具有上千年歷史的精采文物可以證明。

　　我拜訪這個地區很多次了。住在東京的時候，每當我的心需要回復寧靜時，我便逃到八岳連峰。但那一天不一樣。

　　當時我站在八岳連峰的土地上，感受到一股穿越時間的連結，與一萬年前居住在那裡的人們，以及之後住在那裡的人們、現在住在那裡的人們，以及未來將住在那裡的人們的連結。伴隨著這個連

結感，升起一種日本文化裡，以三種明顯不同的層次，看待生死方式的理解。

表面上，這是現代唯物的個人角度，亦即，當我們死去，我們就不復存在了。另一個層次是佛教徒的觀點，這在日本是從第六世紀開始，這個層次是與普遍性相關的概念性、抽象理念。第三個層次是神道教的原始觀點，與大自然真實的連結。這個日本本土的觀點認為，大自然本身有其深度，融合了存在與不存在。這比生命的循環更深奧，並擴展到包容了世界的源頭。它與能量相關，在我們身上，也在一切事物上。這提醒我們，自然本身具有某種靈性。

這個經驗改變了我對死亡的觀感，接著改變了我對活著的觀感。我感到全然的解放。我的「心」感覺到自由。

日本文化的許多方面都很難解釋，但並不表示不值得去探究。我和貝絲花了很多的時間討論生命、死亡，以及「心」的重要，我知道她是你身邊一位值得信任的嚮導。

我們正進入一個過渡的時期，我們的存在，正從物質的成長移轉到靈性的成長。我們採取的方式，將對未來的人類社會造成影響。我們要思考如

何過生活，包括個人方面與集體方面，以便我們將生命發揮到最大，並且做出正確的決定，裨益我們個人存在之外的全體人類與大自然，這是極為重要的。

在這一生的旅途上，小心保重。

---

5. 編注：京都大学人と社会の未来研究院。https://ifohs.kyoto-u.ac.jp

6. 「繩紋時代」指的是大約西元前 10,500- 300 年。詳細文章見：https://www.metmuseum.org/toah/hd/jomo/hd_jomo.htm。

——前言——

「做了什麼夢嗎？」他問，一邊拉起窗簾，接收清晨的第一道光影。

「和平常一樣。」我說，一邊倒茶。

但仔細想想，「平常」其實一點都沒那麼平常，除非從四十歲以後，一樣的夢境重覆出現算是平常；在這個夢裡，有一位穿著袍子的光頭男人，他的袍子顏色如此地暗黑，必然是從夜晚的黑色質地做成的。除非夢裡的這個男人手持一個球形的強烈金光，只照亮他的前面，而沒有照亮後面的黑暗，這樣算是平常的。除非在他後面感覺到三個黑影，不知道他們是誰，但卻不令人害怕，這樣算是平常的。

我端起我的茶，移動到我寫作的房間。我點亮一根蠟燭，就像我幾乎每天清晨五點會做的事。我開始寫這個人的故事，以及這個球形的光。寫生與死，然後再生的故事。

一個發現「心」的智慧的故事。一個開展時間
奧祕的故事。

──引言──

　　十七歲的時候，日本寫了一封信給我。起初，我完全讀不懂，日文的字形是世界上最複雜也最美的語言之一。我盯著它看了一陣子，直到漢字開始游出頁面，把我包圍了。它們在我的皮膚表面停留，然後融進去。你看，日本會這樣。它安靜地來，便不走了。

　　將近三十年前，我打包我那個青少年的房間，把厚厚的新字典塞進一個手提箱，離開英國一年。表面上我是前往東方學習語言，但還有其他的東西。內心深處，我能感覺到一股拉力，一個重要的祕密，藏在多層次的日本生活裡，也許是如此。

　　當我投下一顆奇想的巨彈，說我要丟掉精心安排的經濟與會計學位生涯規畫，改而嘗試去遙遠的國度冒險，我的母親並沒有想辦法勸退我，反而帶我去一家書店。我們到了旅遊書籍區，那裡關於日本的書寥寥可數。我拿起一本旅遊指南，隨意翻到

一張照片，那是一座覆滿白雪的寶塔。我的內心振動了一下。後來，我躺在床上，仔細翻閱每一頁。在這一頁，有一把打開的扇子孤零零地躺在一個傾斜的沙圃旁，深色的木板上。另一頁，一個小孩被放在一個大白蘿蔔（冬天的蘿蔔，這一種我沒見過）堆成的牆前面。有一頁，一座優雅彎曲的紅橋跨在一條湍急的河流上方。隔壁那頁，一長列覆著青苔的雕像坐在涼蔭的森林裡，等待著。書裡也有談到火山、稻田、熱帶島嶼和偏僻的神社。

在此之前，我只去過法國，校外教學時去的。日本對我來說，是一個只存在想像中的世界，然而，我看到一張照片，那是在一個樹木成蔭的寺廟裡，兩個人的側面剪影坐著，看著外面一座明亮的庭園，靜靜地沉思。當我躺在床上仔細端詳這張照片時，我感覺到有某種東西從此不曾離開我。那是關於怎樣才不虛度人生的祕密真相。

這股拉往日本的力量，在我整個成人階段，一直是個強大的召喚。在回應這股召喚當中，我有幸遇到許多人，他們觀看世界與存在的方式，影響了我如何過得更好。

因此，當我步入中年，在我高度有條不紊的日子表面下，我感覺到一股不滿意時，我想要回

到日本，應該也不足為奇了。

為什麼要談「心」？

在我多年前開始學日文時，我最先學到的字之一便是「心」，讀起來是「こころ」（kokoro），有些時候讀作「Shin」。我被這個字的簡單筆畫所吸引，這個字似乎自己躍然紙上，每一筆畫毫不費力地接到下一筆畫。當時，我學到的是最基本的翻譯：「心臟」（heart）。

作為一個字，「心」在日本的日常能見度很高──它出現在寺廟的書法、在海報上、廣告裡、公司名、詩句，以及日常對話──然而，它也影射某種看不見，而且很個人的部分。若你問一百個母語為日語的人對這個字的定義，你可能會得到一百個不同的答案。

多年來，我注意到關於禪、茶、能劇與武術的英文版書籍，常常依據上下文，把「心」譯成「heart」（心臟），也有譯成「mind」（大腦）、「heart-mind」（心─智）或「spirit」（靈）。我發現這種情況一方面令人驚喜，一方面也令人困擾，因為對我身為一個母語為英語的人而言，「heart」、 「mind」和「spirit」是非常不同的東西。

當我步入中年，開始覺得不堪負荷，發現自己身上帶著許多燃眉之急的問題，我冥冥中明白，我知道「心」是部分的解答。

即使現在，經過五年的研究，我對於提供一個「心」的明確翻譯仍然覺得遲疑，尤其是因為這個字使用的範圍太廣，但請容許我先做一個不夠完美的嘗試。

「心」是一顆聰明的心，會和我們的內在智慧溝通，並且以感受到的衝動，在當下回應世界。它是我們內在智慧的源頭——我們內在深處的智慧，未被社會壓力、期待或其他人的想法污染。「心」能幫助我們敏銳地審視關係，並經由我們每一天、每一刻做出的決定，選擇一條輕鬆且自由的人生道路。

認識「心」的智慧的能力，對於體驗一個有覺察、有感知的世界，是很重要的。在我整個中年的旅程中，我體認到由「心」所告訴我的十二個不虛度人生的原則。我們將一起探索當中的每一個原則（一個章節一個）。有時，我會直接探討這個原則，有時，它是隱含在我分享的故事裡。我希望你能在你自己的人生中沉思這每一個原則，不論你現

在正處於人生的哪一個階段，也讓它指引你找到你
自己問題的解答。

由日式智慧所啟發的十二個不虛度人生的原則

1. 一個不虛度的人生，是一個悉心檢視的
   人生。

2. 一個不虛度的人生，是一個用正念心體
   驗的人生。

3. 一個不虛度的人生，是一個由平靜來豐
   富的人生。

4. 一個不虛度的人生，是一個我們臨在的
   人生。

5. 一個不虛度的人生，是一個完全體認到
   萬物無常的人生。

6. 一個不虛度的人生，是一個融入愛的甘
   苦的人生。

7. 一個不虛度的人生，是翻越一座座高山。

8. 一個不虛度的人生，是一個整合多個層
   次的人生。

9. 一個不虛度的人生，是一個被全然表現
   出來的人生。

10. 一個不虛度的人生，是一個被好好滋養的人生。
11. 一個不虛度的人生，是一條由感覺正確的事鋪成的開展路徑。
12. 一個不虛度的人生，是一個有意向的人生，全然地活出，並且充滿感恩。

如何使用這本書

《心之道》這本書在結構上分為三部分，是受到三座聖山的啟發，這三聖山在日文中被稱為出羽三山，位於東北，這是日本北部一個偏遠且美麗的地方。

- 第一部，受羽黑山的啟發，羽黑山是「現在與世俗欲望」之山，我們思考我們所處的位置，想想我們生命中的此時，什麼是真正重要的。
- 第二部，當我們爬上月山，「死亡與前世」之山，我們正面面對自己的必死命運，思考死亡能教導我們什麼關於人生在

世的事。

- 第三部，我們遇見湯殿山，「重生與未來」之山，我們在這裡沉思在世上的餘生，我們想要怎麼過，不論還有多長的時間。

這三座山形成了這本書的骨幹，但這段旅程也會帶我們去許多日本較不為人所知的鄉間，我們會遇到當代的先驅、祖靈思想家，以及住在這片土地上的靈。總體而言，他們會告訴我們，為什麼對「心」的真實感知，能改變我們在這個世界上的體驗、我們的關係，以及我們對一個不虛此行的人生的認識。

我們沿途會遇到的人來自各行各業，不同的背景和信仰，但他們都有一個相同點：他們都對他們的「心」的智慧相當敏銳。對有些人來說，這顯現在他們走的人生道路；對有些人來說，這教會他們與其他人互動的方式，或者與自然界的關係。對有些人來說，這會以對藝術與文化的深度投入呈現出來。

在這些書頁上找到的智慧，像微風裡的花瓣一樣，吹到我打開的雙手上，這些是從我在日本漫遊

的一段又一段的對話集結而來。藉著將它們寫下來，我正輕輕地把這些花瓣吹往你的方向。我寫這本書的意圖，是想分享日本與它的文化慷慨教給我的，也許這也是你需要的門路。

在這本書裡，你將會學到：

- 為什麼這三座聖山握有我們在任何時刻選擇新的道路的鑰匙？
- 一位十三世紀的禪學大師可以教導我們關於時間本質，以及為什麼這會改變每件事。
- 遇見死亡時，可以教導我們關於好好活著的事。
- 如何聽見你的「心」、照顧它，並且讓它每天指引你如何活出一個不虛度的人生。

因為如此，這本書是一本你平常探索人生的指南，尤其是在過渡轉換期，但雖然這算是一本勵志書，你不會在當中發現一系列的生活小撇步或快速解答，彷彿對於我們背負的各種問題，有一體適用的解答這回事。相反地，這本書是一個邀請，請你加入我走上參拜之路，遠離日常喧囂，為我們的問

題尋找一個新的情境，允許清晰的思緒在該來的時候來到。

日本文化裡有一種困難但很重要、需要去理解的事：問題的概念和答案經常是曖昧，模糊的。這不是因為說話者的知識不足，而是因為一種強調和諧的傾向。隱晦經常被視為一種尊重的表現。據說這種文化價值是起源於日本的地理特質，因為日本是一個島嶼國家，覆蓋大面積的山脈，歷史上，人們必須要在緊密的社區中合作，才能存活下來。直到今天，團體和諧的地位一樣至高無上，而且這也擴及私人互動，變成是一種體貼的心概念。

我想要直接與你分享我在日本的經驗，這也是為什麼我納入了我與自然界互動的某些對話與描述。由這些相遇與帶來的一些智慧，有些是隱晦，而非露骨的，如日本常見的方式，所以我鼓勵你慢慢地讀，讓它吸收進去。

每一章的結尾，你會發現一組三個隨筆問題，刺激你自己的疑問。也許你可以為這個目的開始一份新的筆記，如此一來，你可以在我們一起前行時，捕捉你的想法。當我們到了結尾，你回首時，將能看見你走了多遠。我稱這些問題是「『心』的工作」，我邀請你回答這些問題，而且在你的大腦

與頁面之間，不用編輯你的文字。寫下任何湧現的想法，不帶評論。感覺你回答的方式，你將會訝異你讓你的「心」領路時，所自然顯露的東西。

（註：若你很好奇，想知道更多「心」這個字在日本人的生活和語言中的廣泛使用方式，請參考本書最後的附錄「心的剖析」。）

「日式智慧」的說明

在日本，許多人的生活中會有一種以上的宗教信仰，通常是佛教與當地以自然為基礎信仰的神道教，當然，在這本書裡我不會鼓吹任何特定的信仰，而是好奇人們如何生活。

為了研究的目的，我在日本各處與僧人、山伏[7]喝茶聊天、爬山、靜坐，也對許多不同的傳統與信仰系統獻花，包括曹洞宗、臨濟宗、天台宗、真言宗、淨土宗、神道、修驗道和基督教，也包括不可知論者與無神論者。這些相遇太多了，無法在這本書中等量一一細數，但我的人生觀受到所有這些的啟發，我也嘗試透過我在這裡分享的經驗，將其中的精髓帶給讀者。這些反思，加上受日本歷史人物著作耳濡目染的影響，即是我在本書中所指的

「日式智慧」。

此外，有些我們一路接收到的「日式智慧」並不是從人的身上得來，乃是從土地與大自然而來——尤其是從山脈，日本人相信，山是祖靈的家。還有一種古代的信仰，相信神祕的力量能存在文字本身。「言靈」（Kotodama），字面上即是「字一靈」，當以儀式的方式使用時，會賦予文字力量，很多人相信，這些可能影響我們很深。這當然也是我的經驗，如你將發現的，我在旅途中爬山、一遍遍地吟唱神聖的字句。

請注意，我已經修改了我參與的山伏傳統的一些細節，為的是對這個千年歷史的神聖傳統表示尊敬。

當你閱讀本書時，我鼓勵你與我一起完全投入這場冒險，感受我們走路時升起的智慧，包括從你腳下的、我們之間的，以及我們所遇見的人話語中潛藏的。也許在章節之間，你會喜歡花些時間在大自然裡，回想你自己的故事，以及你在我的故事中所看見的。隨著我們一起旅行，我們會接收到溫

---

7. 編注：山伏（やまぶし）是在山中徒步、修行的修驗道之行者。

柔的教導，指引我們回到我們自己的「心」的初
始智慧。

與我同行

探索「心」，即是探索在這困難而令人震撼的
美麗世界裡，生而為人的真意。

這本書的道路，記錄了我所遭遇的最難熬的一
年，就在我跨過統計學上的中年門檻，一連串突如
其來的事件一一浮現。這過去一年教導我關於生
命的脆弱，以及我們在大計畫中失控的重要課題；
同時提醒我要珍惜寶貴的事物，並且相信我自己的
「心」的智慧。

隨著我們一起與季節的循環前進，你將見證我
的領悟、重新校準與更新，我也盼望你能從我的經
驗裡吸取靈感，支持你自己的生命轉換。

我曾經以為，年紀愈大，我會愈篤定。
我錯了。

我曾經以為，我到中年時，我會對每件事
很透澈。

我錯了。

我曾經以為，如果我不談到死亡，它就不
會來到我家門口。
我錯了。

我曾經以為，隱藏你的情緒，是展現力量。
我錯了。

我曾經以為，如果我們握得夠緊，事物就
會永遠存在。
我錯了。

我曾經很害怕做錯，
但我不再害怕。

　　一個不虛度的人生從「心」開始，從「心」結
束。願這本書正是你此時此刻所需要的書；也願這
本書在你擁抱即將來到的一切時，一直在你身邊。

貝絲・坎普頓

京都，二〇二三年

PART ONE

第 一 部

羽 黑 山

—— 在羽黑山上遇見現在 ——

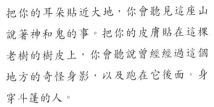

把你的耳朵貼近大地，你會聽見這座山說著神和鬼的事。把你的皮膚貼在這棵老樹的樹皮上，你會聽說曾經經過這個地方的奇怪身影，以及跑在它後面、身穿斗篷的人。

把你的耳朵豎起來，你會聽見祖傳的鳥叫聲回盪著，訴說一位被殺的天皇、一位逃難的皇太子的故事，還有一隻有三隻腳的神祕八咫烏，為他領路，找到安全的地方。跟著風的絮語，你會發現這座山頂上紀念這位太子的墳墓，他留在這座森林裡，把他的生命用來敬拜山，而這隻八咫烏則是這裡地名的由來。

以一位參拜者的身分來這裡，爬山時，獻出你的靜默，你可能會聽到一聲歡迎。「歡迎。我是羽黑山。」

羽黑山是出羽三山的三座聖山之一，據說它代表的是現在與世間的欲望。數個世紀以來，人們不遠千里來到羽黑山，而且經常行走上百公里，祈願現世的健康與幸福。這是我們的故事開始的地方。

第一章

生命

—— 長卷打開 ——

在英格蘭南部海岸一個茅草屋頂的小屋裡，我正在燙衣服，眼睛一邊看著一件皺巴巴的裙子，一邊看著客廳電視螢幕上播放女王伊麗莎白二世葬禮的進行。通常我會覺得人生苦短，不用浪費時間燙衣服，但那一天，當皇家送葬隊伍莊嚴肅穆地向西敏寺行進時，我覺得把棉布上的皺褶熨平，能得到一些心理上的安慰。

就在皇家騎兵隊的國家號手吹起《最後崗位》（Last Post）這首軍樂聲時，我丈夫的電話響了。他看了一眼，接起在廚房的電話；而我和女兒們則一起站著默哀兩分鐘，緬懷女王服待國家的一生。

號角聲再次響起，我丈夫叫了我的名字。他叫我的語調像似把一支小刀射向我的心臟，我當下立刻明瞭。我的好朋友麗莎過世了，得年四十一歲。

後來我才明白，那一天，我心裡的某一個部分也死了；是我相信如果你是個好人，工作勤奮，過得充實，而且吃素，你就會蒙福，擁有長壽與幸福人生的那一部分。

幾個星期後，當我強迫自己爬上羽黑山時，這件事裡的一切不公平，在我的血管裡竄流。穿上用

悲傷繫上的靴子，我踏出的每一步，都感覺到失去朋友的沉重；更沉重的是，我知道麗莎喜歡日本，卻永遠不能參與這段旅程。

前方，我的嚮導以固定地步伐往上走。他是這座山裡的人，穿著一種特殊的外裝，有直挺的袖子和寬大的下袴，下袴在腳踝上方收緊。白裝束（Shiroshozoku），往生者的服裝。當晚秋天的日影落在他的身上時，厚實的白棉布上有些部位就變成天藍色了。

他的名字是早坂師父，而且他是一位「山伏」（yamabushi，字面上的意思是「潛伏在山中的人」），古老本土修驗道信仰的當代守護者。「修驗道」大約可以翻譯成「透過苦行得到神聖自然力量的方法」[1]，修驗道和神道教、佛教、道教與當地的萬物有靈論相呼應。這是一種透過實踐，真正與自然連結的哲學與修行。

山伏傳統在今日山形縣的出羽三山地區已有上千年的歷史。「出羽三山」意指「出羽的三座山」，被尊為全日本最神聖的地方之一。

安靜地爬這三座聖山之一 —— 羽黑山，得到的結果只是放大我腦袋裡不停的絮語。我努力梳理我的想法，專心思考為什麼我會來到此地。在參拜

者的宿坊時，早坂師父就開釋過：「在山上，我們靜坐冥想，但山伏的打坐和禪坐不一樣。我們只是坐在地上，坐一段時間。若能靜止不動很好，若你動了也無妨。自然界的萬物都會動。你的眼睛可以張開或閉起。這不重要。只要安靜，覺察你的體驗。」

　　他手指向一小塊與主要道路有點距離的平地，指示我可以坐在那裡。要坐多久，我不知道。我只要坐在那裡，直到早坂師父拿起他的法螺 ── 一種套上金屬吹口的法螺貝 ── 然後吹兩次，讓整座森林縈繞著荒野的回響。

　　一道光束掃過他的足袋（白色的分趾靴），上面覆滿了他上下這座聖山無數次的塵土。相形之下，我結實的徒步靴突然看起來沉甸甸而且硬梆梆，彷彿它們是製作出來保護我，遠離我千里迢迢來相見的聖山。我把它們和襪子一起脫下來，在溼冷的地上站了一會兒。捲起的金黃色葉片在我蒼白的腳下沙沙作響。我的呼吸不太平順。我離家六千英里遠，我想念我的家人，哀悼我的朋友，也因為馬不停蹄的一季而感到精疲力竭。

　　臨在當下。這句熟悉的，許多古老傳統的共同智慧，在柏樹森林中格外有力。但，我聽見自己

說：事情複雜多了。我忽略我自己的論斷，找個地
方坐下，閉上我的眼睛，允許自己讓這座山帶領我
的呼吸。

中年不適

　　根據英國的國家統計局，我的預期壽命是
八十七歲又六個月。[2] 這是一個根據多個因素得來
的平均數字，這些因素包括我出生的月份和地點，
但最重要的是，在我四十四歲生日前，我跨過了
中間的門檻。過去兩年，就在我跨進中年的大門
時，麗莎被診斷出罹癌的消息，如雷般地震驚了
所有的人，我除了為麗莎的家人感到心碎，也感
覺到我表面平靜的日子底下，驚起了陣陣波瀾。
這類消息使每個人心煩意亂，而且這是很個人的。
這讓我們每個人想起自己必死之身，以及生命的
脆弱。

　　有時候，我試著忽略內心的起伏，尤其是想到
麗莎的情況，我告訴自己：「妳在這裡。妳很健
康。妳不知道妳有多幸運。不要再胡思亂想了。」
但有些時候，當她健康狀況轉壞的消息傳來，會讓

我往另一方面想：「生命是短暫的。妳確定妳把人生活出極致了嗎？」

　　在我感覺夠勇敢的日子裡，我會轉頭面對這些不平靜，我看見曾經展現在我眼前的各種機會，如今被拋在身後的路上，搆不著，沒有重來的希望，只因為我變老了。對於一個一向相信世界總是充滿可能性的樂觀主義者來說，這種感覺是新的，也是令人驚恐的。歲月正為我關上門，一扇接著一扇。我跑向一扇門，它關了起來。我跑去另一扇門，它也關起來，嘲弄我，彷彿我被困在某種無聊的遊戲裡。

　　我二十幾歲時，任何事似乎都是可能的，我只要決定我要做什麼。三十幾歲時，我有了工作、旅行，孩子相繼出世，即使看起來每天的時間不夠用，我仍然可以選擇。但到了四十幾歲，情況突然不同了。我發覺，不是剩下的年歲不夠我做每一件我想做的事，就是不如以前那樣多的選擇；而且，這種情況是因為我之前所做的各種決定，把一些之前看似可能的事斷了後路。這是假設我確實只剩下一半的人生，而這個假設因為麗莎的病，也變成了一項未知。

　　每一條思考的路徑，都附加了一個問題：

我現在需要做什麼，

以保證在我人生最後的日子裡，

不論那是什麼時候，我在我的心裡都會知道，

我的人生是一個沒有虛度的人生？

其實，那是一個溫和的版本。它有時候是這樣呈現的：「妳怎麼可以活了超過四十歲，稱自己是成人，更別說是一位勵志作家，而對自己在做什麼毫無頭緒？」

重覆想到這些事，只會生出更多的問題：

· 我如何知道我過的人生是對的？

· 我怎樣可以在時間上更有效率？

· 我該怎麼處理金錢？我應該賺更多錢？我應該不那麼在意錢？

· 如果我現在這個時間點不做這件事，幾年後我會後悔什麼？

· 我要如何在去做有意義的事，和我的家庭的需要之間，取得平衡？

· 若我做了一個選擇，但卻是錯的選擇，那該怎麼辦？

然後一個一個接下去……非常累人。

我被困在一個與自己對戰的戰役。我的自我想要控制一切，擬一份計畫，讓它成真、在他人眼中功成名就，並且在我離世前，累積足夠的財富，留下大量的遺產。我感覺到，這與某種根深蒂固的信念有關：成功看起來是什麼樣子？什麼會讓我在這個世界上有安全感？

但一個內在的悄悄話告訴我，我真正需要做的，是放下控制的欲望、停止追著計畫，去覺察生命本身的開展，用自己的眼光欣賞自己，並且過一種能在日常中帶給他人正面影響的生活。對了，還要有更多的樂趣。

不論內在的私語如何回響，我理性大腦的決斷似乎總是占上風。現在是挖掘出我的信念、處理揮之不去的悔恨、用直覺梳理出如何度過餘生的時候了。或許我只是需要一段夠久的時間，遠離我的電子郵件信箱與待辦事項、不間斷的新聞、社群媒體雜音，以及其他人的意見；真正地傾聽，尋求答案。

日本的召喚

　　一個潮濕的午後，我正與孩子們一起做摺紙勞作「東南西北」[3]，一半的心思想起這些關於後半段人生的事，這時我突然有一種超奇怪的念頭，想離開我自己的身體，從我們廚房的一個角落，回頭看我們三個。我看見自己伏首在料理台上，人在那裡，但心不在那裡，女孩們聊天時，我靜靜地摺著四方形的白紙，她們的愉悅襯托出我灰暗的存在。

　　這時一朵雲飄過，桌上的影子隨之變幻。我手上的方形摺紙，變成我將近八十八歲預期壽命的有形表徵。我看見自己把紙摺成一半，變成兩個四十四歲的長方形，然後再摺一半。每一個正方形小到可以放進我的口袋，代表了我人生四分之一的二十二歲。

　　二十二歲。我四分之一人生的門檻。當時我住在山形縣，在那裡工作，那是日本東北部一個會下雪的偏遠地區，我因為它的地名，意思是「山的形狀」而被吸引。我的思緒飄進回憶，然後又飄回廚房。我看見自己把紙打開，又摺回去，接著，我又進入想像，這個白色的方形自己動了起來，像是一個會動的拼圖，變成三個紙山峰。

出羽三山。當然。這個地區被稱為出羽三山，位於山形縣的中央地帶，是日本國內的參拜聖地，而且有上千年的靈修歷史。「羽黑山」被認為是現在與世俗欲望的山。「月山」代表死亡與前世。而「湯殿山」則是重生與未來的山。

突然間，我知道我必須出發了。

宇宙使然，因為新冠肺炎而關閉超過兩年的日本邊境，即將重新開放。我道了再見，搭上下一班班機飛往東方。

我接受（任何事與每件事）

當我端坐在山裡冥想時，我的呼吸輕輕地沖刷掉我腦袋裡的雜音，時間彷彿收疊起來了。當我終於聽到海螺的呼喚，它似乎是同時來自海底深處和森林各處。

為了遵循山伏的規範，我對於海螺的呼喚，唯一能被允許的回應是「うけたもう」（uketamō），意思是「我接受（任何事與每件事）」。在這座山裡發生的任何事，我都必須接受。包括天氣；我身體對爬山的反應；像河裡的魚每分每秒吐出來的泡

泡般，升起又消失的情緒。

「先達」（Sendatsu），是對我這位資深山伏
嚮導的尊稱，他在我們重新上路後，走得有點快。
我緊跟在後，木手杖敲在四百多年前鋪好的石階
上，發出奇怪的聲響。我踏出的每一步，踩在先我
之前數百萬參拜者的幽靈腳印上，我感覺到我的肉
身與整個朝往相同方向的前人們的連結，以及與這
座山的連結。這對我來說，不是一種尋常的感受，
對於一向關注於現代世界價值的我來說，這裡具有
某種原始熟悉的、安撫人心的回響；有一條臍帶，
從遙遠的源頭滋養我。

我曾讀到，山伏扮演連結的重要角色，將人
們與土地、靈和大自然連結，也互相連結，將一
種神聖感與紀念感融進日常生活。每隔一段時間，
早坂大師便會吹起法螺，向天空發出悠長的樂音，
像是一條河的記憶，它曾經將這座山的礦物攜到
海裡，經過一段時間，成了他現在手上的法螺，
並將他自己的呼吸變成洪亮的風。天地裡的元素
會轉換。

地、水、火、風、空。依據較不廣為人知的日
本佛教說法，這五大元素組成了宇宙。在爬山的路
上，我們朝拜了五重塔，這是位在羽黑山下，柏樹

林中一座知名的五重塔。我之前拜訪過數次，其中一次有位官員告訴我，五重塔中的每一層如何象徵這五大元素：最底層是地，逐層往上分別是水、火、風和空，空是最接近天空的。

我記得問過一位日本友人，他怎麼定義「空」。鈴木先生將他的手臂舉起來，劃了一個大大的弧。「你知道在能劇裡，演員會戲劇性地以非常慢的動作拂袖，藉著這個動作，製造出故事開場的氣氛？這就是『空』。」然後我就笑了，想起我喜歡日文的原因。

他繼續說：「這和水墨畫一樣。我們只用黑色的墨水，而且，如果你在紙上加了太多東西，把它填滿了，那只會有一個故事。事情都定死了。但如果你有足夠的留白，就有空間讓觀者自己解釋，用他們的想像力來豐富這幅畫作，這幅畫就能產生很多個故事。在較少人知道的佛教裡，『空』這個元素是很重要的。可能性的存在，能容許更寬廣的觀點。」

也許這正是我此刻生命中所缺乏的：我一直如此忙碌的累積、做事，擔心我不能再做的事，以致於沒有留下任何空白給可能發生的事，給所有仍未知的事。

如今，我踏在這條石頭路上，在森林裡迂迴前進，吸飽山裡的空氣，一種開闊的感覺，打開了我心胸的某處。

未完成的工作

幾年前，我寫了一本書，書名是《侘寂：追求不完美的日式生活美學》（*Wabi Sabi: Japanese wisdom for a perfectly imperfect life*）。我在書裡探索了不完美的美，以及「侘寂」概念可以教導我們哪些關於接受與放手的事。我從來沒有告訴任何人的是：在交出初稿時，我有一種某件事未完成的感覺，但我不確定那是什麼。

在《侘寂》那本書末了快結束的時候，我分享了一段經驗，是關於時間慢到一個程度，以致於我幾乎可以看見一個新的記憶被烙印在我的心上。我把它寫下來，描繪這個時間點，當時我不明白：重新想起它，會解開一條綑綁了一個陳年長卷的絲帶，這個長卷上是我二、三十歲時累積下來的問題，但在我忙於事業，後來忙於家庭的時候，把它們捲起收拾了。這些問題是關於時間與意義、

人之必死與神祕，以及我們要如何過人生，才不留遺憾。

當我按下送出鍵，把《侘寂》的初稿寄出，我從椅子上站起來，走到我閣樓書房的窗邊，這個被遺忘的卷軸從我的大腿上掉下來，打開了，把所有的問題攤在地板上。我蹲下來，小心翼翼地把它們撿起來，我心裡知道，當一個故事結束，就是另一個故事的開始。

「妳覺得，當妳死掉的時候會怎樣？」麗莎曾經問我。我跟她說，我不知道。沒有人知道。「我想，我大約六個月後就會知道了，」她不經心地笑著說：「如果沒有奇蹟的話，我到時就會知道。如果真有奇蹟，我會好好活下去，一點都不要浪費。不管是哪一種，都會是我這段時期的結束。」

她清晰的思緒令人震驚。不管是哪一種，都會是我這段時期的結束。這讓我想起，我已經從人生的一個階段到了另一個階段，但從來沒意識到我正跨過一個門檻，某個「最後一次」如今都成了「之前」。我最後一次看到我的祖母。我最後一次哺餵我最小的孩子。在我成為中年人之前，最後一天還年輕的時候。

雖然我們大概知道「中年」是什麼意思，而且我們可能對我們的預期壽命有大概的認知，事實上，我們從來不知道我們還剩下多久的時日，所以我們從來不知道我們在什麼時候人生過了一半。

在羽黑山上想起麗莎的話，我有一種感受排山倒海而來，我想到，我正面臨一種選擇：中年不會永久，我可以把它看成一陣迷霧，跟蹌度過，忽視這些惱人的問題，繼續咬牙苦撐，奮力爭取世人眼中的成功（或者至少避免成為世人眼中無足輕重的人）；或者，我可以把它看成是一個要刻意穿過的出入口，雖然不知後面有什麼，但暗自相信，終會有真正的成功出現——也許是以一個不虛度的人生樣貌呈現出來。

遙遠的呼喚

回程下山的路上，我們在一棵大樹旁暫歇，這棵樹由於年代久遠，受人喜愛，被取了一個名字：

爺杉。一條被稱為「注連繩」的長繩綁在它上千年的粗壯樹幹上，標示它神聖的地位。早在十七世紀時，我喜愛的一位俳句詩人松尾芭蕉也曾辛苦跋涉過這幾座山，經過同樣的這棵大樹旁，在附近停留，寫下一首詩，描寫如此寂靜的一刻，他幾乎可以聞到雪的味道[4]，想起這件事，我不禁打了一個哆嗦。

據說，松尾芭蕉在出羽三山的體驗，使他頓悟了「不易流行」的道理，即在不變性（不易）和流動性（流行）之間取得平衡的原則，從那時起，這就成為俳句的特徵。[5]這個恆常與變動之間的緊張關係，即是我每天都在應付的事。我感覺到一方面身而為人的一致性（亦即，我從出生的那一刻起，就一直是我），一方面知道我每一天、每一刻，都和前一天、前一刻不是同一個人；我覺得這兩者之間是矛盾的。我與半輩子前第一次來爬羽黑山的那個人，顯然不是同一個人。

我對這座山的感受倒是沒什麼改變。依然是神祕的、暗黑的、永恆的、歡迎人們造訪的，空氣裡總是飄著濃濃的苔鮮和祈禱的氣息。但近年來，山外的世界在很多方面改變了。我們似乎變得更有科技上的連結，同時也更多社交上的分離。每件事的

速度都加快了。這些感受有些可能是我人生階段的產物；日子通常是多個行程拼湊起來的，不停地追求某種已經在那裡的東西之外的東西。我們似乎成為時間的奴隸，任由被它綑綁、被它統御，而它還要求更多。在我們充滿人生小妙招與時間管理解方的世界，少了某樣東西。

我自己的文化是大腦思考取向，因而導致了一種線性時間的觀念，但是在出羽三山，我發現我對這種觀念的執著，可能錯失了一些東西。

我覺得我在爬山的過程中，遠離了我的前半生——如同對我們許多人來說也是——前半生的特徵是渴望和欲望，這些都是源自於思考的頭腦。穿過人均壽命統計上的中點，就像撞破一堵宣紙牆，邊界被穿破，而且無法修復；那穿破的另一邊，展開了一個全新的空間。現在我感覺自己被拉向了別的東西，一些我尚無法清楚表達的東西。一種來自其他地方的渴望。也許是從「心」來的。

八咫烏回來了，從森林深處的某個地方發出叫聲。輪到我追隨牠了。

「心」的工作：生命

- 此刻的你，在人生的哪個位置？與你想像的這個特定的年紀和階段，有哪些不同或相同？

- 對此刻你來說，有什麼緊張關係或衝突的優先順序是真實的？（不要評斷，只要把它們寫下來。）

- 哪些關於人生的問題是一直與你同在的？（你不需要回答這些問題，只要把它們寫下來。）

KOKORO WISDOM —— 心的智慧

**一個不虛度的人生，
是一個悉心檢視的人生。**

定期反省你的人生，確認你對人生每個面向的感覺。如果某件事感覺起來不對勁，仔細研究那個感覺，那是來自你的心的重要訊息。

1. 資料來源：https://timbunting.com/home/yamabushi/ 二〇
   二三年九月一日查閱。

2. 根據與英國國家統計辦公室的私人連絡得到的答案。

3. 譯注：一種摺好後有四個尖角，像四座山一樣的摺紙作品，
   可以套在手上玩遊戲。

4. 這是根據松尾芭蕉的俳句：ありがたや／雪をめぐらす／
   風の音（風吹過雪地的聲音）。資料來源：Matsuo, Bashō,
   (trans. Reichhold, Jane) Basho: The Complete Haiku (New
   York: Kodansha, 2008), p.324. 有很多種翻譯，有些是說到有
   香氣的雪，雪的淡香，或者雪將香氣送進風裡。

5. 資 料 來 源：Marinucci, Lorenzo, 'Hibiki and nioi. A study of
   resonance in Japanese aesthetics'。可 參 見 文 章： https://
   journals.mimesisedizioni.it/index.php/studi-di-estetica/
   article/view/879。二〇二二年七月七日查閱。

第二章

正念心

—— 只是插花 ——

那天在羽黑山上，我一直在尋找刻在石階上的符號。葫蘆、蓮花、清酒杯和清酒瓶的簡單線條已經在那裡好幾個世紀了，而且當中許多已經因為來往參拜者的足跡而磨平消失了。據說，如果你找到全部三十三個圖樣，你的願望就會實現。有一度，我聚精會神地盯著我眼前長滿青苔的一個個石階，爬山時幾乎整個人出神，我看見一個「心」的字出現了。至少我是這麼以為的，直到我恍然大悟，原來那只是石頭上的一組裂痕。

你曾經遇過這種情況嗎？某個字、片語、符號或是想法，一次又一次地自動浮現出來，直到你認真注意它？有一段時間，我面對中年不適的方式不是用直接思考，而是用其他活動來填塞 —— 做瑜伽、寫作、冥想、帶個問題去散步，等等 —— 結果還是一樣。有一個字會出現在我意識的邊緣，可能是中文的書法四筆畫：「心」；或是日文的三個音節：「こころ」（Ko-ko-ro）。

證據就在我筆記本的空白部分。它像是一隻可愛的小狗，當我沿著河流往上游走，感受四季變化時，它在我身邊安靜地走著。那是如此不變的複歌，我開始注意了。「心」要教我什麼？為什麼是現在？

—— · ——

「心」這個字在日文書寫系統出現之前，在日語裡就很活躍了。它在古語「和語」（也稱「大和言葉」）中就有這個字。和語是日本大和時代（西元二五〇～七一〇年）的口說語言，當時的王朝中心在今天的奈良縣。

中國字在日語裡稱為「漢字」，從中國，透過書寫或篆刻於刀劍、印章、印幣和書信上的字，渡海到日本，大約在西元五世紀末、六世紀初時，成為日本的官方書寫系統。[1]「こころ」這個字被寫成「心」，也有了另一種讀音為「shin」（來自中文的「xīn」）。

「こころ」最簡單的翻譯是「心」。然而，與身體器官不同——在日文裡寫成「心臟」——「こころ」代表的是人類屬靈的那一面。其他的英文翻譯通常可以在武術與文化面向看見，包括「mind」（大腦）與「heart-mind」（心—智）。事實上，「心」是所有這些東西。

有人說它是心思考的那一面，有人說它是大腦感覺的那一面，或者是具體的靈。也有人說，它是靈性的寶座。我們內在認知的源頭。我們情緒的儲

藏庫。

> 「心」是聰明的心，
> 它與我們與生俱來的智慧溝通，
> 而且以感覺衝動的形式向世界回應。

「心」是我們內在的一個位置，一個人是從這裡，透過感覺的、有能量的衝動，敏銳地向世界回應，而不是用理智的思考；我們從這裡融入當下，而不是被躁動的心所升起的懊悔或擔憂，拉進過去或未來，或被其他人的期待與觀點拉往一條不同的道路。

「心」是通往靈魂的智能，與我們最深層智慧的機制。它是我們與生俱來的，感受事物最內在本質的能力的源泉（它將我們彼此，以及我們所處的世界連結在一起），也是我們對世界上自然的創造性反應的源頭。在日本文化裡，理解「心」的感覺語言，對於處理人際關係、欣賞美，以及時時刻刻回應世界，絕對至關重要。

這個字詞可用作「那顆心」，因為它是一個實體──一個既能生成又有回應的實體。例如，當你遇見美或悲傷，並且感覺到一股震動或揪心時，這

就是你的「心」的表達。它也可以是可測量的；例如，「擁有一個心的財富」意味著擁有精神上豐富的生活，而不是物質上豐富的生活。

日本最普遍的字典《廣辭苑》以一長串「心」的定義開頭，描述為「人類精神行為的源頭，或這些行為本身」。[2] 在《簡明牛津世界宗教辭典》（Concise Oxford Dictionary of World Religions）裡，「心」被解釋為「一個人基本與內在的本質，因此實際上等同於佛性」。[3] 它是我們看待、回應和創造美的方式。

一個明媚的秋日，在京都北邊井後老師的道場（傳統武術學校）入口處迎接我的，就是這個像最短的詩一樣手繪、黑色裱框的單一個字「心」。

心作為指針

「我學東西的時候，想像我會活到一百二十歲；我認真生活，想像我只剩下今天。」我還沒打開我的筆記本，井後老師就用這一句話總結了她的人生態度。她今年七十八歲，和我的母親同齡，是一位合氣道大師、插花老師，也是一位出色的茶道

老師。將近半個世紀的時間，她一直在向孩子們傳授日本文化，至今仍然很活躍。我們在道場見面，她說自己原未打算承接它，但是當機會出現時，她就接受了。她知道這是下一個該做的正確的事。如今，這些已經成為她生活中的一種模式。

井後老師平靜而自信，風趣又自嘲地講述自己不平凡的人生軌跡。這是一個充滿巨大挑戰的故事——疾病、生涯轉換，照顧他人的沉重負擔——但這也是一條蜿蜒人生道路，她在每個轉折點擁抱人生，不論命運給她什麼挑戰。

說話的時候，井後老師似乎明白自己從來都不是一個計畫者，她從來沒有設定目標並去追求它，而是靠自己摸索，探索這個世界。每當她被某件事吸引時，她就跟著這種感覺走向它。她的故事不是夢想家或謀略家的故事，她完全擁抱每一種情況的開展，敏銳地適應她的「心」對當下時刻的反應，以及它所呈現的新可能性。

她的道場不僅開設合氣道課程，也有茶道和插花課。如果這還不夠，患有帕金森氏症的井後老師還開始彈鋼琴，既是想要享受音樂的樂趣，同時也為了幫助控制她的症狀。她說：「最好趁你還行的時候，做你想做的事。」

這讓我想起麗莎臨終前幾個星期所說的話。當時我們在 Zoom 上聊天，我在辦公室，她在臨終關懷醫院。我問她那天做了什麼。「坐在太陽底下，寫一些筆記，做一些我的芳香療法課程，」她說：「我知道妳在想什麼，」她繼續說道：「這有什麼意義？」我沒有接話，只是羞愧地擺了一下頭。這個想法顯然在我的臉上閃過。她解釋說：「我做這件事並不是出於某種不切實際的希望，也不是因為它之後會有用。我這麼做，只是因為這個時候做這件事很有趣。」

在麗莎生命的最後一年，她意識到一些簡單但重要的事情：光是快樂，就足以成為做任何事的理由。她說：「我喜歡收集東西，有很長一段時間，我覺得從收集東西中獲得如此多的快樂，是一件奇怪的事，所以我在收集東西的同時，對自己做了一些批判。但最近我開始意識到，其實簡單的事會帶給我最大的快樂。觀星、親近大自然、散步、收集物品、手作。我不需要發現一顆新的星星，或是走到最遠，或是贏得一個手作獎。對於像我這樣每件事都喜歡做一點的人來說，知道你可以只因為喜歡一件事便做這件事，而不總是需要取得一些成果，是一種重要的領悟。」

喜悅是從「心」綻放的眾多情感之一。當我們是由這種內心綻放的感覺指引下做出決定，我們就會以不同的方式駕馭生活。我們的日子看起來會不一樣，每一天結束時我們的感覺也不一樣。我們可以將這種感覺的方法稱為「正念心」（heart-mindfulness，即「心意覺察」）。我們不會有意識地決定要以某種方式感受，這種感覺會油然升起，而且我們會意識到它的升起。

「正念心」就是順應當下，專注於我們在特定情況下的感受，並據此做出反應。在這個時候，直接的觀察和邏輯思維，被對世界的感受所取代，大腦中的呢喃也隨之消失。

當我們以正念心的方式面對人生，
我們便能體驗到插花的喜悅，
明白我們從來真的不只是插花而已。

用正念心面對你的每一天，是在行走坐臥間很敏銳地，覺察到你四周萬物的生命力，明白沒有一刻是永恆的，所有的事最終都會消逝。這也是體察你在時時刻刻回應世界時油然而生的感覺。

寫作一直是我這方面最偉大的老師之一。時間

到的時候，練習正念心會變得容易，我們也可以開始信任從內在浮現的聰明智能。

「心」作為聲音

與我上次造訪時相比，河村能舞台[4]已經完全改頭換面，認不出來了。數十件令人讚嘆的和服掛在觀眾以前常坐的木柱之間，像是在晾衣繩上掛衣服一樣，只是這些和服的價值不斐，幾乎等同一台小型汽車。深紅色絲綢上手工縫製的蝴蝶；彷彿淡藍色湖面波紋的金色漩渦；靛藍色的布帶上，粉紅色、紫色和綠色的花朵和流動的草。

廊道上擺滿了一排排的絲帶、一排排的黑色長假髮，還有很多的和腰帶層疊在欄杆上。舞台被蓋起來了，左邊有五十多把金邊扇子，每支扇子都放在盒子上，右邊有一百二十多個能劇面具，這些面具是木製的，最上層敷上壓碎的海洋生物貝殼製成的粉。

人們相信能劇面具本身有靈性，因此必須以最大的尊重來對待它們。它們被擺成一排，小心翼翼地放在平常收納的布袋上，讓我不禁覺得它們看

起來就像是埋在沙子裡，只剩一顆頭露出來，表情各異的人。有的看起來很放鬆，有的看起來疲憊不堪。有的一臉好奇，有的一臉冷漠。有的看起來受到驚嚇，有的——尤其是那些有角的——在我看來很恐怖。有的看起來是年輕人的臉，有的看起來比較老。我之前從來沒有見過這樣的東西。

穿著黑色和服跪坐在地板上的是能劇大師河村晴久，他手裡捧著一張已經使用了六百多年的面具。這位活潑的表演者慷慨地向我們幾個人開放了他的劇院，讓我們觀看一年一度的「虫干し」（mushi boshi，晾曬）——把精緻的能劇服裝和每個配件都拿出來晾乾、防蟲，好好保存這些珍貴的衣服，以便在未來時日繼續使用。能劇這項傳統藝術已經存在超過五百年了，是世界上最古老的表演藝術之一，能深入能劇劇場的幕後，是一個難得的機會。

河村大師挑選了扮演中年女性時使用的一張線條流暢的面具，向我解釋這樣一個看似表情固定的面具，如何傳達出人類處境的多種幽微之處——當然，這取決於演員的技巧。

「在大多數文化中，面具是用來隱藏其背後的人的真實情感，」他說：「但在能劇中，情況恰好

相反。這種面具被稱為『面』（意為『表面』），它可以帶出演員的情感，而且確實有助於將他們的情感投射給觀眾。」

能劇藝術源自於演員的「心」，並企圖作用在觀眾的「心」。能劇演員兼劇作家世阿彌元清（一三六三～一四四三年）說過，「透過演員『心』的力量和感覺，打開觀眾的『心』耳」。[5] 根據日本藝術與宗教專家理查・B・皮爾格林（Richard B Pilgrim）教授的能劇研究，他說：「『心』的不同層次和種類統一在精神／心理／情感的整體性中，這是從人類存在的最深處升起與散發出來的。」藝術和人都不是不同部分的分層，而是一種多樣性，最終表現出建立在生命本質基礎上的統一。」[6]

「心」作為鏡子

幾天後，我在位於京都市中心一條較不熱鬧的街上的 Good Day Velo Bikes & Coffee[7] 避雨。店主直樹先生（Naoki-san）正慢慢準備手沖咖啡。我們年紀相仿，我第一次走進他那有兩張凳子的小咖

啡館時，就待了幾個小時。直樹先生有個年幼的兒子，他自己本身得過癌症，他自己開店是為了過一種慢節奏的生活，讓自己總是有時間留給別人。

那天，一點都不急。我是唯一的客人。雨沒有轉小的跡象，我們的談話從賞「もみじ」（Momiji，日本楓）[8] 最佳祕境，到為孩子取名，從我們祖先的故事，到我對「心」的持續探詢。

「我喜歡你放的音樂，」我說：「非常讓人放鬆。但我真的該走了。我還有很多事情要做，但是⋯⋯我要坐在這裡直到雨停。」

「那是我的概念，」直樹先生笑著說。

「在我離開之前，我可以問一下，當你聽到『心』這個字時，你會想到什麼？」

我不知道直樹先生會說什麼，我當然也沒想到他會這樣說。

「『心』是一種鏡子，」他說：「就是其他人看著你的時候看到的。你的心是否骯髒，人們會知道。他們能感覺到。我努力尊重每個人。他們是誰，並不重要。我努力保持我的心潔淨。如果我對某件事或某個人感到沮喪，我通常會去寺廟或神社重新調整我的心，淨化它。我不拜拜或做任何事，我只是去那裡，花一些時間讓大自然包圍，它以某

種方式提醒我，我是某種更大的東西的一部分。然後我就回家了。」

「就像今天，」他繼續說道：「今天我的生意不好，我很沮喪。在這樣的心境下我無法回家，所以在回程的路上我會先去鴨川，重新調整自己。我會清理我的心，然後我就可以微笑著回家了。我能抱我的兒子，我能對我的妻子說謝謝。我能為我的生命說聲謝謝。」

「當我想到『心』，我會想到這些。只是想當一個好父親、一個好人、一個好老板。」

出於好奇，我多問了一些。「如果你不這麼做，會怎樣嗎？」

「如果我不這樣做再回家，我會一直生氣。我便不和我的兒子或妻子說話。我只想我的事。我會只想著明天，擔心下一步該做什麼。我不想成為那樣的人，所以只要有需要，我就會嘗試主動地淨化我的『心』。我只是去一個安靜的地方——不一定是寺廟或神社。我可能會去河邊或山上。大自然中的任何地方都是好的。我去那裡為這一天感謝。」

「太美了。」我說，我是認真的。

他微笑著又遞給我一杯咖啡。「這是個非常日式的行為。」

心作為窗口

幾天後，我受邀向一群積極保護城市遺產的京都居民演講。這群人裡大多是八十幾歲的長者，主席則高齡九十二歲。他們所有人都在工程、政府部門、建築和科學領域有過傑出的職業生涯，對於我向他們提出的問題，我期待結束時是一場對「心」的知識性分析。但實際上，接下來發生的是一場令人驚訝的靈魂深度討論。

當我提到直樹先生將「心」比作鏡子的意象時，群眾中一位成員發表了他的信念：「心」是靈魂向世界投射的載體。「我認為它就像一扇窗，」他說：「如果這扇窗被沉重的、負面的情緒所籠罩，靈魂的光芒就無法投射到世界上。」而且反過來，我們也無法清楚地獲得靈魂的智慧。

我喜歡這個將「心」視作一扇窗的想法。一方面，我們可以窺見自己的內在生活，另一方面，我們可以向世界表現內在生命的智慧與美。

他的朋友橫山先生加入了談話，他說他的看法又是另一種。每天早晨，無論雨天、晴天、熱浪或下雪天，橫山先生都會在天還沒亮時走出家門，前往河流分流處的出町柳，觀看東山上的太陽升起。

他這個習慣已經維持幾十年了，他說他感覺每天早上他的「心」都接收到世界的光，讓他整天能將光反射給其他人。

接下來的一星期，我去橫山先生家喝茶，他告訴我他一直在與佛光寺的一位和尚談論我的問題。他說他分享了他的想法，即「心」是一種轉化光能的機器，而和尚只是點頭說：「聽起來不錯。」

是「心」使我們有人性，

而且是心的光，

引領我們走上一條真實的人生道路。

我越來越清楚，「心」是我們身為一個人，充滿活力且至關重要的一部分，因此我們需要好好照顧它；這是我一直忽略的事。

由於我的中年不適在過去幾年逐漸累積，我感覺到自己的脾氣變壞了，對噪音的容忍度也降低了，尤其是對爭吵的容忍度降低了。有時我發現自己對我所愛的人說話粗魯，而且覺得奇怪，是誰用這種方式說這些話？即使這些話是從我嘴裡說出來的。也許我的「心」被雲遮住了。我最近確實沒有吸收太多宇宙之光，或將這些光照亮給其他人。

聽了直樹先生和一群睿智長者的敘述，我意識到我需要找到一種方法，將這種光沐浴和淨「心」的想法融入我的日常生活，不僅是為了我自己，也是為了我的家人。該去一個平靜的地方尋找寧靜了，看看在寧靜中會產生什麼智慧。幸運的是，日本是世界上最適合做這件事的地方之一，我知道該去哪裡。

「心」的工作：正念心

- 你在生活的哪些方面容易想太多？如果允許自己傾聽「心」的智慧，會有什麼不同呢？試著練習正念心，然後寫下任何想法。

- 想想最近的一種情況，你將負面情緒從一個地方帶到了另一個地方。你可以如何在中間淨「心」，以避免影響到新的情境呢？這樣對你和受影響的人有什麼好處？

- 你認識誰活在他們的「心」的指引下？他們以什麼方式啟發你？你能從他們身上學到什麼？

KOKORO WISDOM —— 心的智慧

一個不虛度的人生，
是一個用正念心體驗的人生。

與其用理性的頭腦來分析和判斷生命中的一切，不如用正念心去體驗人生 —— 從「心」開始 —— 讓我們注意到眼前的美麗、歡樂和奇蹟，並幫助我們時時刻刻根據我們的感覺，為人生導航。

---

1. 根據日本京都漢字博物館‧圖書館。

2. 資料來源：Source: Shinmura, Izuru, Kōjien daigohan (Tokyo: Iwanami Shoten, 1998), p.950。（由作者翻譯）

3. 資料來源：https://www.oxfordreference.com/display/10.1093/oi/authority.20110803100041699;jsessionid=4F0531ABCA3FBF27EA 77167B70862598 。二〇二三年九月四日查閱。

4. 關於河村能舞台詳見：noh-plus.com。

5. 資料來源：Pilgrim, Richard B., 'Some Aspects of 24, No. 4 (Tokyo: Sophia University, 1969), pp.393-491。參見：https://www.jstor.org/stable/2383880。二〇二三年九月一日查閱。

6. 同注 5。

7. 詳見：thegooddayvelo.com。

8. もみじ（Momiji）是「雞瓜槭」的日文名，有時稱為「日本楓」或「日本槭」。也被用作「秋葉」的統稱。

第三章

寂靜

—— 沉默發聲的地方 ——

「人生不滿百，漂盪似河上一葉舟。」[1]當我問這位打著領帶、大步走在我前面的計程車司機是否確定有空陪我步行去我要去的地方時，他想了一會兒，然唸出了這一句我最喜愛的詩句之一。他的回答很奇怪，但我認為他的意思是，生命苦短且不可預測，偶然的相遇要好好享受。辻先生引用的是禪宗僧侶兼詩人大愚良寬（一七五八～一八三一）[2]的詩句，我們正要去參觀他的隱居所。

我是在半小時前遇到辻先生的，當時我在新潟鄉下的燕三條車站外上了他的計程車。我們開車經過綿延數公里的稻田，他發現我想去五合庵[3]，也就是良寬在他父親剛去世不久後住的小屋，當時良寬年約四十。「這是我最喜歡的地方之一，」辻先生說：「但從來沒有客人要求我載他們去那裡。而妳，一個外國人，千里迢迢來這裡拜訪這個地方。」我解釋說，我很喜愛良寬的詩，他的詩常常引領我到心中一個寧靜的地方，我無法說出個所以然，但我很想知道這樣一位詩人是住在什麼樣的地方。

我們把車子停在國上山腳附近。辻先生關掉了計程車表，說他下午剩下的時間剛好沒事，很樂意帶我上山。當我們爬山時──我穿著防水褲和泥濘

的健走靴，他則穿著閃亮的黑皮鞋和一身無皺褶的藍色西裝——他告訴我他對良寬生平的了解，以及這位詩人如何在國上山的國上寺的一間小房子裡，度過了他的大部分時間。良寬不定期會走很遠的路，到村子裡托缽（乞討）。他的生活方式得以維持，要感謝村民的慷慨，但根據當時的記載，當良寬托缽，村民施捨他任何他們能給出的東西時，也是他們放下對財富執著的機會[4]。對於接收端的良寬來說，這是一種始終接受的練習。他對缽裡的東西沒有選擇，只能接收。

良寬不僅是知名的詩人和書法家，也以童心聞名。他經常放下托缽，和當地的孩子們一起遊戲，這些孩子帶給他很多的快樂，山上有一座良寬與孩子們玩在一起的雕像，讓這個畫面永垂不朽。

良寬拒絕任何社會期待，過著簡單的生活。他與月亮、楓樹為友，讀詩、聽雨、寫詩。他留下的文字刻畫出他在這間簡陋的小屋裡，慢慢體會到的對比——歡樂與孤獨、陰影與光明、匱乏與豐富。他的詩質樸優美，直擊事物的核心。

這條小路是一連串鋪設在山上的厚重石頭，相當陡峭，四處雜草叢生，地上爬滿樹根。良寬時而哀嘆，時而慶幸自己與人世的煩擾隔絕[5]，自己也

沒有什麼事可以昭告世人。然而他的一些詩歌涵蓋了智者的人生建議，鼓勵人們若想找到真正的意義，就該停止追逐世俗的事物。我一邊爬山，一邊意識到，除了對良寬的生活方式感到好奇，以及對他詩中所感受到的寧靜而深深嚮往之外，正是這種停止追逐的渴望，將我帶到了國上山。

我和辻先生停下來在一棵倒下來的樹幹上休息，呼吸著森林的空氣。我從背包裡拿出一盒百奇捲心酥，和他分享沾有巧克力的捲餅棒，感覺就像小孩和新朋友一起進行一場祕密冒險。

當我們終於到達良寬的小木屋，看見地上立著一個簡單的木結構，兩邊是開放的，四周樹木環繞。這座小屋自良寬的時代，經過重建，如今已融入了周圍的環境，茅草屋頂上已長了青苔。如今，除了一個小佛壇外，沒有任何家具，但如果你是在十九世紀之交來到這位叛逆詩人的小屋喝茶，你可能會注意到旁邊有一張小桌子，上面放著一盞燈、一個硯台和一支毛筆，還有一小疊好看的書，包括他本人很欽佩的道元禪師的作品。你也許也會聽到深山裡一隻野生動物的叫聲⁶，或者像良寬一樣，在降雪的聲音中找到安慰。

我踏進小屋，坐在光滑的地板上，看著窗外激

發許多詩歌靈感的景色。辻先生走出去靠在一棵樹上休息,留下我獨自一人在小屋裡。我聽到小鳥的叫聲和樹葉的沙沙聲。一種實質的寂靜進入了我的身體。

根據作家中野孝次的說法,良寬不擅長關注生活的細節:「他會將目光投向內心深處,總是這樣,而且只關注絕對的問題,那些超越時空的問題……心是佛教的重點,正如道元的看法,心是佛所在之處。這也是良寬的觀點。」[7]

日常憂慮、待辦事項清單和其他腦袋裡想的事(要做這個,回覆這個,分析這句話的意思是……),還有現代世界的外部噪音(看這個,按這個讚,買這個……),都在爭搶我們的注意力。這些當中大部分是由我們隨時隨身攜帶的智慧型手機產生或撈到的資訊。我們花注意力來驗證我們的經驗、增強我們的自尊,還有證明我們的價值。

良寬在山坡上的小屋遠離我的家鄉數千公里,我坐在小屋的地板上,這裡沒有行動接收訊號或網路,我了解這些噪音是一個不斷想要被看見的拉力。在今日世界,曝光度通常等同於價值——地位、假性出席、展示的財產、大聲喊出的成就、追

蹤人數、對我們一直在做的事情的持續報導等等，更不用說我們回應這些觀眾到什麼程度了。

身為一個小企業主，我不斷感受到這種壓力——定期在社群媒體上發文、發送消息稿、吹噓成功見證來推銷產品。我明白這對與不認識我的人建立信任的重要性，我也意識到，如果我不告訴人們我傾注心血創造的東西，這些東西就無法幫助或激勵他們；然而，不斷地發文、推廣和推銷令人筋疲力盡，而且對曝光度的重視讓我感到不舒服。

在山上，我感覺到也許有一些東西在我自己的奮鬥過程中，不知不覺地被拋棄了，這些東西對我個人來說可能是有價值的——但願我能停下來夠久，轉身把它們撿拾起來。例如美、連結、平靜，與奇妙的私人時間。

在山上，除了「心」的工作，
其他沒什麼好做的。
在寧靜中休息，並讓身心在當下，
體驗你在巨大的萬物之網中的位置。

看過良寬住的地方後，我現在明白了，他的天賦在於真正關注他眼前的這一刻，並覺察他的心如

何反應。他專注，而且把它寫下來。良寬的詩抒情、深邃，但又直白。在短短的幾行文字中，他成功地捕捉了自然界的美麗，和生命的短暫本質。我不禁想到，我們經常如此絞盡腦汁地發揮創造力，在追求完美時與恐懼爭戰，同時也深深懷疑我們所產出作品的品質，以及我們的自我價值。我很好奇，如果我們只是將內心的想法傾倒出來，在把它寫在紙上或畫上畫布之前，不做編輯或判斷，這樣會有多容易。如果我們單單地臣服於當下，放開所有的苦思經營，僅僅用文字或圖像將我們所看到的、感受到的，和對世界的體驗呈現在紙上，也許一條輕鬆的道路可能會敞開。也許美早就存在，在我們的身外和內在，只是等著被鋪陳出來。

在良寬的小屋裡，我感覺遠離了工作上的責任、截稿日、任何人為的緊迫感，或者曝光度的呼喚。儘管聽起來很奇怪，但我真的覺得在那裡時，自己更有智慧了；彷彿在這片啟發日本最知名詩人之一靈感的土地上，全心聆聽大自然的聲音，開啟了我從未意識到的本自俱足的智慧。或者也許我剛剛聽到了良寬靈魂的回聲，在風中低吟著詩歌。

接通你的「心」的簡單方法

- 放慢速度，注意眼前的事物。
- 保持好奇心，覺察你感興趣的事物，即使它似乎沒有任何商業價值，並進一步了解。
- 找到空間和安靜，用身體積極地傾聽。
- 冥想。
- 寫日記，覺察你不斷重覆的主題。
- 更專注於你的內在生命。
- 發展探索有創意的活動，讓你的「心」透過表達來傳達你內在的智慧。
- 留意你在哪些方面受到外部觀點的影響，而這些觀點與你認為重要的事情不一致。
- 當必須做決定時，練習用身體傾聽。問自己一個問題，並嘗試不同的答案，看看它們是否「感覺」正確。

找出空間

與辻先生告別後，我搭火車繼續前進。當火車隆隆地穿過鄉村時，兩旁的稻浪起伏而過，我回想起一種感覺。

幾年前，當我最小的孩子還很小的時候，與她分開是一件極痛苦的事，但我仍然應一位朋友的邀請，參加了英格蘭湖區的一場自然探索活動[8]，這位朋友比我自己更了解我有多麼需要這一趟旅行。當時我搭火車前往，回程時，我的胸口有一種特殊的感覺，就像我在離開良寬小屋的火車上再次感受到的。

那次的自然探索活動裡，我必須在山坡上一個方圓約二十公尺的圓圈內獨自度過三十個小時。我不被允許帶手機、任何食物或同伴，甚至也沒有可以寫字的筆記本。我被指示用跨步丈量這個圓圈、向四面行一點儀式。然後我坐下來，凝視著群山，思考剩下的二十九個小時該做什麼。

這時山丘那邊來了一群生氣的羊，牠們不想讓我進入牠們的土地，但現在時鐘仍在滴答計時，我無法移動我的圓圈。我已經做下承諾。最大的一隻羊開始大聲咩咩叫，其他的羊也跟著叫起來。我趕緊在大腦檔案裡尋找是否發生過中年婦女在偏遠山區被羊攻擊的事件，答案是沒有，這讓我鬆了一口氣。因而，我想起聖誕頌歌的歌詞，便開始唱歌。先是《平安夜》，然後是《馬槽裡》（Away in a Manger）和《小毛驢》。當我唱到《一旦進入皇家

大衛之城》（Once in Royal David's City）時，羊群已經停止咩咩叫，並開始吃草，在我未標記的圓圈邊緣乖乖地排好。

我在山坡上自己的空間安頓下來，深呼吸，幾隻動物在旁邊走動。我的日子過得非常緊湊，帶兩個小孩、創業，賺足夠的錢來支付城市生活；這段留白是我忙碌生活中一個界限明確的時段。這次的自然探索是一個重新投入忙碌生活之前的喘息機會。生活被阻擋在這個暫停的邊緣，就像那個隱形的圓圈莫名地攔下了羊隻，給予我所需要的空間。在日文裡，這個「空間」被寫作「間」，念作「ま」（ma），這個字結合了基本漢字組件（門），即部首門，和指太陽的字（日）。

「間」這個字所代表的空間，是藝術、建築、音樂、武術、花道、禪宗庭園、茶道和談話中的一個重要概念。「間」是匆忙生活中的一個間隙，是刺激與平靜反應之間的停頓。是我們之間的空間。

「間」字也可以念成「あいだ」（aida）。劇作家近松門左衛門（一六五三～一七二四年）[9]有句名言：「真理存在於兩者中的空間。」[10]與此相呼應的是，活到將近一〇八歲的水墨藝術家篠田桃紅曾寫道：「感じる心の中にあるもの」（Shinjitsu wa kanjiru kokoro ni aru mono），意思是：「真理存在於易感的『心』」。[11]也許，「心」是存在於明確說出的，和明確知道的之間的空間——在靜止中，在沉默中，在間隙中。或者，也許空間是由「心」本身定義的。

「間」是由周圍的邊界所產生的空間。當代建築師磯崎新[12]稱它為「孕育中的虛空」。[13]當我們在自己的生命中能找到這片廣大的空間，它可以當成一片空曠的沃土，讓新生命興起。

奇怪的是，「間」這個字在日文裡與其他字組合起來時，通常讀作「カン」（kan），例如它與「空」合起來，形成「空間」。與表示小時的「時」合起來，就變成了「時間」。空間和時間重疊，就像當下一樣，可以感受到開闊的空間。

位於「心」之中的開闊空間，

可以是光照進來的門口，

也可以是光能夠照出去的窗口。

我已經遺忘了我那一段山坡上的經歷，直到在這列新潟的火車上，當我再次覺察到胸口有一種開闊的感覺時，它又浮現出來了。我怎麼會忘了那些

羊隻、那個圓圈和那個轉變？因為這就是忙碌生活中會發生的事。我們有一段寶貴的經驗，可以教我們一些東西；我們感受到啟發，甚至發誓每天都要將新學到的知識付諸實踐。我們這麼做了一段時間，然後生命再次加速，我們便遺忘了。於是，這一課回來了。在我中年時回想起的所有教訓中，最常回想起的就是這個，它提醒我對空間和安靜的深度需求。我不想再忘記它了。

我整個二十多歲到三十歲出頭，都是獨自生活，花了很多時間旅行，而且是單獨旅行。我睡在沙漠裡、航行在海上、熬夜，做任何我想做的事。但家庭生活和創業改變了這一切。例外的時候，是當我抽出時間來寫書的時間。也許我寫書的部分原因，是為了有一個很好的藉口，能獨自一人在美麗的地方，持續地思考關於人生的重大問題。現在，我從骨子裡知道，這種開闊的空間很重要，不僅是為了寫書，它也是生活的重要部分──相對於噪音，是音樂中的必要停頓。

古典鋼琴家黑瀨紀久子在她的著作《在我心中響起的聲音》（《心に鳴る音》）中提到一個有趣的觀察，即在音樂中的音符之間製造一個停頓，比彈出音符本身需要更多的力氣。她寫道：「我對

於如何賦予這些停頓意義，感到很有興趣，」這些話在我讀完後很長一段時間，一直縈繞在我的腦海中。[14]

禪行靜修處

幾天後，等待開往岩屋港的渡輪時，陽光燦爛，波光粼粼，我感覺到各種回憶湧動著。我在一個港口小鎮長大，看到大海，讓我的內心深處感到平靜。

岩屋相當破敗。登船口對面的商店窗戶很髒，髒到我看不清楚裡面賣的東西。下拉式的天篷全都破爛了，門口有垃圾被風吹得到處都是。這整棟建築需要粉刷一下，但不知何故，它在破舊中看起來很自然。

在碼頭等候的時候，我發現自己已經很久沒有這麼輕鬆了。也許是因為小鎮緩慢的節奏，或是因為溫暖的陽光照在我的皮膚上。或者也許是期待在鬱鬱蔥蔥的淡路島（我要去的地方）上，一個專為冥想建造的空間裡，度過一段健康靜養的時光。

禪坊靖寧[15]（字面上的意思是「寧靜的僧侶住

所」）由建築師坂茂 [16] 設計，是一個專門用於冥想、瑜伽和安靜沉思的住宿空間。狹長的木造建築有一個一百公尺長、浮在空中的冥想平台，可以三百六十度欣賞森林全景。平台上有一個透明的玻璃陽台，沒有牆壁，所以整個空間都對大自然的所有元素開放。平台的下方是客房，還有一間餐廳供應精美的「精進料理」（佛教素食）。建築物的底層是一個注滿溫泉水的露天淺水池。

迎接我的是一杯迎賓綠茶，還有醃李子和一小盤堅果和枸杞。我很喜歡坐在椅子上，椅子光滑、彎曲的靠背，可以提供完美的支撐。任何殘留的緊張都從我的肩膀上消失了，我坐在那裡，對所有幫助我能夠到達那裡，體驗那一刻和那陽光的人，覺得感激。

過了一會兒，有人來帶我去房間。當我跟著他穿過長長的走廊，吸入檜木的香味時，我注意到每個房間都有一個美麗的名字，以書法寫在每扇推拉門旁的木牌上，其中許多是取自禪宗名句。依序讀出每個房名，感覺像是一系列重要的提醒：「光陰矢如」，即光陰如梭；「諸行無常」，即世事無常；「知足」，即知道滿足，或者對自己所擁有的感到滿意。

我們走到走廊的盡頭，我的房間就靠近圖書室。外面的木牌上寫著「天空夢輝」，字面意思是：天空中閃閃發光的夢想。我把它當作一個提醒，當我停留這裡時，要盡可能地待在冥想平台上。

俯瞰森林的落地窗旁有一組小桌椅。唯一的其他家具是兩張單人床，每張床上是兩個半張的榻榻米墊，其靈感來自於我們只需要一張（兩個半張）榻榻米墊來睡覺，用其中的半張榻榻米墊坐著、冥想和生活。

我預約了日本頂尖瑜伽老師之一片岡真子的工作坊。她首先提醒我們瑜伽其實全是關於靜心。事實上，帕譚伽里（Patanjali）的《瑜伽經》是每個瑜伽老師在訓練中學習的核心文本，其中指出「yogaḥ citta-vrtti-nirodhaḥ」[17]，意思是，瑜伽是平息大腦的波動。佛經上說，一旦大腦處於寧靜的狀態，就能體驗生命的本來面目。

正如片岡老師所說，我突然意識到，梵文中的「citta」一詞，在瑜伽中被翻譯成英語中的「mind」（頭腦），而在日語中則被翻譯為「こころ」（心）。後來，我查閱了許多日語瑜伽培訓教材確認，發現都是如此。由於對原始梵文沒有詳細的了解，透過研究英文佛經，我一直認為「yogaḥ citta-vrtti-nirodhaḥ」僅是指平靜大腦的絮語，但這裡有一個完全不同的意義維度。人們要尋求的平靜，是我們整個存在的平靜。

我還注意到，由曹洞禪師鈴木俊隆所著，有史以來最暢銷的禪宗書籍之一《禪者的初心》[18]，也是這麼寫。在一九六〇年代，鈴木禪師用英語主持了一系列關於禪宗的講座，這些講座後來被收錄在書中，並誕生了那句名言：「在初學者的腦中，有很多可能性，但在專家的腦海中，可能性很少。」[19] 我找了日文版本來看，發現整本書除了書名以外，「mind」這個字都是被翻譯成「心」。[20]

鈴木在《禪者的初心》中說：「永遠在你這裡的心，不只是你的心，而是普世的心，永遠與他人的心一樣，沒有不同。是禪心。這是很大很大的心。這個心，就是你所看到的一切——這個心，同時也是一切。」[21] 這個心，就是「こころ」。

奇怪的是，禪宗大師奧村正博評論這段話時表示，他認為鈴木禪師所談及心（mind，或こころ）的意義時，是從梵文術語「hrdaya」而來，而不是「citta」。[22]「Hrdaya」這個字通常被譯為「靈性心」（spiritual heart），或者在施與受之間的完美平衡。[23]

奧村禪師接著解釋了「心」，稱它「最終指的是我們出生、生活和死亡的整個相互依存的起源網絡，並且透過我們的修行而覺醒」。[24] 修行的另一種說法，即是人生。

我開始感覺到，「心」的真正意義及其對人類生活的影響，比我想像的要深刻得多。語言和文化觀點重疊的地方浮現了，我感覺到一個重要的真相正在附近縈繞。這不僅是為了讓大腦中喧鬧的絮語安靜下來，也是為了讓心靈安靜下來，如此，它就能聽見，並被聽見，我們與其他一切事物的聯繫也能被感知和被了解。

「我清楚地認識到，
『心』即是山河大地，
日月星辰。」

—— 道元永平禪師 [25]

月光浴

那天晚上，我坐在禪坊靖寧的平台上，被一輪明亮的滿月迷住了。天空彷彿被某人打出了一個

洞，露出遠處銀色的光源。靜修處的每個人都靜靜地坐在冥想椅上，面向遠處的林線，等待著。

幾個世紀以來，「月見」，即賞月，在日本一直是一種普遍的休閒方式。早在平安時代（西元七九四～一一八五年），電力還沒問世之前，貴族就會在月下舉行茶道和吟詩大會。在禪宗裡，月亮是開悟的象徵。在日本神話裡，月神月讀是太陽女神天照大神的弟弟。[26] 有人說，月亮象徵時間本身的節律，難怪月亮一直是歷代詩人的繆思。

那天晚上，在淡路島的滿月下，我想起了十二世紀日本流浪僧侶詩人西行的詩句。他談到心如何隨著月亮而膨脹，「朝往我不知的遙遠的盡頭」。[27]

這是一個非常特別的夜晚。一場一生難得一見的天文現象即將發生，地球、太陽、月亮和天王星將排成一條直線。那天晚上我們不僅目睹了月全食，還看見了月食對天王星的掩食。據日本國家天文台稱，上一次月全食與行星食同時發生，是在一五八〇年，[28] 當時的大名兼軍事領袖織田信長在多年的內戰後，正積極統一日本[29]。當時莎士比亞還是個青少年；而法蘭西斯・德瑞克（Francis Drake）搭乘金鹿號（Golden Hind）環球航行後，

正在返回英國的途中。下一次月食和行星掩星的巧合要到西元二三四四年才會發生，距離現在還要三個多世紀[30]，也是我在這個星球上的時間結束的很久之後。

在這條時間軸上，有個東西像黑暗中的鑼聲一樣讓我震驚。我所目睹的事情，在我有生之年不會再發生了。我被吸引，全神貫注。當月亮變成焦橙色，一個像針刺一樣大小的光點從它後面掠過時，我的眼睛都沒有離開天空。有一顆流星劃過天際，我想知道，如果我們對我們真正關心的每一件事，都給予如此程度的關注，意識到這一次可能是我們唯一的一次，或者我們的最後一次，而我們有幸見證它，那麼，人生會是什麼樣子？與某位親人的對話。一份精緻的烤起司三明治。大聲朗讀一首詩。和朋友一起捧腹大笑。一個日落。從豐潤的臉頰上拭去的一滴眼淚。一次海泳。一個下雨天裡，在一家喜愛的咖啡館裡，在水氣氤氳的窗戶前獨自寫作一個小時。

隔天清晨，我們很早便去參加日出瑜伽，將薄荷和尤加利香膏擦在太陽穴上，當森林上空升起淡淡的薄霧時，我們赤腳在平台上來回緩慢地行走冥想。最後，我們懷著感恩的心祈禱，感謝我們一

起，在那裡，在那美麗的地方活著。

我在禪坊靖寧只待了不到二十四小時，但感覺卻比二十四小時要長得多。時間真是個奇怪的東西。我仍然帶著許多疑問，但我知道我不能再把我寶貴的時間，只用在跟著似乎是社會想要我做的生產與消費的無休止循環。

當我收拾好行囊，準備前往港口繼續旅程時，我開始懷疑，關於不虛度的人生這個問題，是否只是一個時間的問題。這不僅是線性時間作為我們盡可能有效地分配、出售和消費的資源問題，而是作為與整個存在相關的時間。只有一種方法可以找到答案。

「心」的工作：寂靜

- 如果你知道下一次會是最後一次，你會好好品味哪些日常活動或發生的事？
- 花點時間安靜下來，深呼吸，聆聽你的心。你今天需要知道什麼？
- 你如何在日常生活中創造更多的平靜和安靜的機會？

KOKORO WISDOM — 心的智慧

一個不虛度的人生，
是一個由平靜來豐富的人生。

心說話時很安靜，是用衝動和感覺來說的。
我們愈常找到平靜，就愈能接通智慧。根據
日本傳統，平和與安靜也能幫助淨「心」，
讓光照進來，然後照出去。

1.　這首詩是大愚良寬得知一位同窗往生時寫的。其背景的註
　　解可參見 Tanahashi, Kazuaki, Sky Above, Great Wind: The
　　Life and Poetry of Zen Master Ryokan (Boulder: Shambhala,
　　2012), p.106.

2.　編注：大愚良寬，江戶時代僧人，好以詩歌讚頌自然。

3.　五合庵位於新潟縣燕市國上寺內。

4.　O'Connor, Tonen, 'Unfettered by Expectation', in Okumura,
　　Shōhaku, Ryōkan Interpreted (Bloomington: Dōgen
　　Institute, 2021), p.9.

5.　「與人類事務的消息隔絕」指的是良寬的一首無題詩，參
　　見 Stevens, John, One Robe, One Bowl: The Zen Poetry of
　　Ryōkan (Boulder: Shambhala, 2006), p.43。

6.　「深山裡一隻野生動物的叫聲」是指良寬的一首無題詩，
　　參見 Stevens, John, One Robe, One Bowl: The Zen Poetry of
　　Ryōkan (Boulder: Shambhala, 2006), p.29.

7.　Nakano, Kōji, (trans. Winters Carpenter, Juliet), Words

To Live By: Japanese Classics for our Time (Tokyo: Japan Publishing Industry Foundation for Culture, 2018), p.24 and p.31.

8. 詳見 bio-leadership.org。

9. 編注：近松門左衛門，江戶時代前期劇作家，出生於越前國，元祿三文豪之一。

10. 資料來源：https://ameblo.jp/wtpwtpwtpw/ entry-12200067090. html。作者翻譯。二〇二三年九月一日查閱。

11. Shinoda, Tōkō, Hyaku san sai ni natte wakatta koto (Tokyo: Gentōsha, 2017), 參考來源同前注。作者翻譯。

12. 編注：磯崎新，一九三一～二〇二二。二〇一九年獲得普利茲克獎。

13. Claudel, Matthew, Ma: Foundations for the Relationship of Space-Time to Japanese Architecture (New Haven: University of Yale, MA thesis, 2012), p.3.

14. 原始資料來源：Kurose, Kikuko, Kokoro ni naru oto (Tokyo: Bungeisha, 2022), p.109. 作者翻譯。

15. 詳見：zenbo-seinei.com。

16. 編注：坂茂，一九五七年生，繼安藤忠雄、伊東豐雄等之後，獲得普利茲克建築獎的日本人。

17. Iyengar, B.K.S., Core of the Yoga Sūtras: The Definitive Guide to the Philosophy of Yoga (London: Thorsons, 2012), p.15.

18. 編注：《禪者的初心》，鈴木俊隆，自由之丘出版，二〇二四。

19. Suzuki, Shunryū, Zen Mind, Beginner's Mind: Informal Talks on Zen Meditation and Practice (Boulder: Shambhala, 2020), p.1.

20. 譯注：《禪者的初心》日文版書名為「禅マインド ビギナーズ·マインド」（Zen Maindo Bigināzu Maindo），「Maindo」為「mind」的日文音譯。

21. 同注釋 17，p.128。

22. 資料來源：https://www.lionsroar.com/dharma-dictionary-kokoro/。
二〇二三年九月五日查閱。

23. 資料來源：https://www.yogapedia.com/definition/5678/hridaya-。
二〇二三年九月五日查閱。

24. 資料來源：https://www.lionsroar.com/dharma-dictionary-kokoro/。
二〇二三年九月五日查閱。

25. 出自道元的《正法眼藏》，引用於 Stone, Michael, Awake in
the World: Teachings from Yoga and Buddhism for leading
an engaged life (Boulder: Shambhala, 2011)。

26. Frydman, Joshua, The Japanese Myths: A guide to gods,
heroes and spirits (London: Thames & Hudson, 2022), p.33.

27. McKinney, Meredith, (trans.), Gazing at the Moon: Buddhist
poems of solitude (Boulder: Shambhala, 2021), p.89.

28. 資料來源：https://japannews.yomiuri.co.jp/society/general-
news/20221109-69706/。二〇二三年九月七日查閱。

29. Deal, William E., Handbook to Life in Medieval and Early
Modern Japan (Oxford: Oxford University Press, 2006), p.40.

30. 資料來源：https://japannews.yomiuri.co.jp/society/general-
news/20221109-69706/。二〇二三年九月七日查閱。

第四章

時 間

—— 如雷的聲音 ——

幾天後，我穿著這裡準備的塑膠拖鞋，小心翼翼不絆倒，爬上一段高高的拋光木台階，朝著佛殿走去，這座佛殿位於擁有八百年歷史的永平寺[1]的中心。

「去永平寺，」當我告訴我的朋友和美（Kazumi），我的旅行目的和我的中年不適時，她這麼說：「每當我的『心』需要安靜時，我都會去那裡。」

永平寺座落在福井鄉村的一座山坡上，周圍環繞著古老的雪松林。它的許多建築都由一系列長廊和有頂棚的木製樓梯連接起來，樓梯的兩側是開放的，可以直接看到外面的天氣和周圍的庭園。爬這些樓梯，我的全身都痛了起來，就好像有人用一支馬克筆勾畫出我身體的輪廓，那全是我所有覺得痛的地方，這就是我剛剛體驗的坐禪冥想的強度。不過，我對這座日本最嚴謹的禪寺有何期待？

根據六十年代在永平寺接受訓練的片桐大忍禪師所說：「坐禪並不是透過關注人類世界以外的事物來逃避生活的一種方式；它是一種活在真實的時間之流中，並直視生命本身的修行。坐禪能讓你深入到表面之下，引導你觸及生命的核心。」[2]

這次坐禪結束時，我們被邀請去探訪寺廟建築

群。我從一幢木建築逛到另一幢，一邊努力擺脫四肢的不適，我一直注意自己身上的疼痛，而不是周圍的環境。直到我踏進佛殿，目瞪口呆，僵住了。來日本這麼多年，我從來沒有來過永平寺，但一進入佛殿卻有一種奇異的似曾相識的感覺。我花了幾分鐘想到原因。

這是我的人生進入四十歲以後，反覆做的一個夢的場景，一個身穿長袍的男人出現在我面前，兩手持著一顆散發金光的球。他總是位在三座雕像的前面，背後是一個又深又大的黑暗室內，就像我當時所在的那個房間一樣。

門口的解說牌告訴我，這些雕像是過去佛阿彌陀佛、現在佛釋迦牟尼佛和未來佛彌勒佛。只有現在的雕像是完全可見的。其他兩尊佛則部分隱藏在視野之外，就像他們在人生中一樣，也一直和我的夢境一樣。

直到那時，我才意識到那個經常出現在夢中的人，手上拿著一個金光球體的，是永平道元禪師，他在十三世紀時創建了永平寺和日本禪宗的曹洞宗。

在夢裡，他總是低聲說話，說好多我聽不懂的話。

當我站在佛殿裡凝視時，我聽到一聲低語：你

所需要知道的一切都在你的眼前。其餘的只是評論。我當時也不明白這句話的意思。

不懂，是對這位日本禪宗巨人的教義的普遍反應。自從我第一次在大學的日本研究中偶然認識他，然後在隨後的幾年裡一次又一次地見到他，四分之一個世紀以來，我一直在嘗試閱讀他的作品。

遇見道元

早年我在東京工作的時候，我從早稻田附近的一間小公寓步行到附近的地鐵站，中間會經過那座不起眼的大龍寺，那裡有一座道元禪師和一位在正中午陽光下曬蘑菇的寺廟廚師雕像，這組雕像講的故事，是這位禪宗大師在中國學習時學到的重要一課。

據說，道元問這位長者為什麼在工作，因為他是高僧，可以委派任務，而且天氣又這麼熱。這位僧人回答說，如果他不親自做這個工作，他就不會有這方面的經驗，他就不會得到只靠經驗才能帶來的理解的好處。他還說，當天的氣候條件非常適合曬蘑菇。他不知道其他天的天氣會怎麼樣 —— 可

能會下雨，可能會很冷——所以，「現在」就是時候，而他就是來做這件事的人。

有時我在搭乘地鐵上班的路上想著這座雕像和這則故事，思考這個故事是要說，每一刻都全力以赴的重要性，而不是把事情推遲，或把它們假手他人，這是因為理解來自實作。當然，有很多原因使我們也可以說，這可能是不好的建議——授權他人能讓我們自由，並幫助其他人學習，而且我們根本無法一次做所有的事。但奇怪的是，後者這些非常合乎邏輯的論點，與線性時間以及我們如何安排有效率的作法有關，而這麼做的時候，可能會錯失在當下練習的機會。

道元後來將這個概念發展成為他最重要的教義之一：開悟不是我們努力爭取，並在未來某一天實現的目標，而是當我們修行時，會從修行中出現的東西。他稱此為「修證一等」，即修行與證悟合一。

我對這個問題思考了一會兒，直到火車到達飯田橋站，我才從思緒中驚醒，我在那裡下車，穿著高跟鞋和成千上萬的其他通勤族匆匆忙忙離站、換車，前往辦公室渡過漫長的一天。

然後有一次，我在京都一位和服設計師的工作室裡喝茶，討論人生的稍縱即逝和短暫性，他突

然坐起來說：「妳應該讀道元的著作來理解這些事情。」

道元也許是禪宗史上最有影響力的一位導師。他的核心訊息很簡單：人生就在此時此地發生，每一刻都是開悟的機會。然而，他的教義複雜，特別是與時間的本質相關時。即使是母語人士也對他的思想感到困惑，根據道元的原始文本解經的當代日文書籍汗牛充棟，更不用說翻譯成無數其他語言的版本了。

我讀了又讀他出了名難讀的隱晦文字，以及對這些文字的各種註解。我參加過由頂尖學者講授的研討會，並多次帶著他的問題散步沉思。有時，當我因日常生活的瑣事而無精打采時，他的聲音會穿越時空而來，如雷鳴般地響起，把我搖醒。我坐起來傾聽，以為我已經接近理解我真正需要知道的事情了，但當我試圖要付諸文字時，它就消失了。儘管如此，我仍繼續嘗試，因為我知道有些東西在那裡。

儘管這種情況已經持續了很多年，但直到在永平寺的這一刻，我才將書中的文字與夢中的那個人連繫起來，發現那是道元本人，站在屬於他自己的佛殿裡，在現在世、過去世和未來世的三尊雕像前

面，手捧著一顆光芒四射的金色球體。這意味著什麼？關於充分利用這段寶貴的生命，它要教我什麼？

時間感的教導

我在大廳後面的長凳上坐下，把手伸進背包，拿出一本對道元關於時間本質的教義《有時》（うじ，uji）的評論。[3]《有時》是在一二四〇年，道元四十歲時寫的——我開始反覆夢見他時，也是這個年紀。

《有時》可以在道元的大作《正法眼藏》中找到，有人說《正法眼藏》包含了所有禪宗裡一些最重要的教義。在《正法眼藏》的所有分冊中，《有時》是最令我著迷的一冊。連標題都令人好奇。標題寫的是「有時」，使用了代表動詞的「是」或「存在」的「有」，和名詞「時」。在正常情況下，這個組合的日文「有時」可以讀作「ゆうじ」（yūji）或「あるとき」（arutoki），並且可能有不同的意思，例如「在某個時候」、「有時候」、「曾經」或「有一次」，指的是特定且有限的時間段。但道元所寫的相同字組，與「うじ」的念法，

指的是完全不同的東西。

許多學者對道元的「有時」進行了多種英文翻譯，但最簡單、也許也是最有力的翻譯是「being-time」（有時）。另一個常見的版本是「for the time being」（暫時），對於道元來說，它涵蓋了所有時間存在的狀態──瞬間的整個宇宙。在《有時》[4] 中，道元說：

> 一位名叫藥山的老祖師說：
> 「有時高高峰頂立。
> 有時深深海底行。
> ……
> 謂『有時』者，即『時』既是『有』也。
> 『有』皆是『時』也。」

根據這位大師的開示，存在與時間不是分開的。

我們是時間

花一分鐘想一想這個問題。我們把時間當作一個東西來談論，一個與我們分開的東西，會像一個

物體一樣移動：時間飛逝；拖了一個小時；十年轉眼就過了。我們把時間看作是可以花費、浪費或商量的東西。找出時間、省下時間、爭取時間、空下時間。但倘若時間和存在是同一件事呢？如果我們與時間是一體的，那會怎樣？

這既極其複雜又極其簡單。「浪費時間」等於浪費我們自己的存在。「找出時間」就是從真正重要的事情中，創造我們自己的人生。「消磨時間」是不可取的。而「時間就是金錢」，可笑。道元的開示讓我質疑，為什麼我們如此隨意地浪費時間。

道元的這個想法多年來一直在我的腦海中縈繞，但我一直無法將它與現代生活的線性結構相協調。在那裡，在日本一個偏遠安靜的山坡上，當周圍環繞著鐘聲、祈禱聲和古老的雪松，讓人很容易平靜下來，慢慢地將臉轉向太陽，深呼吸，全神貫注於當下，想像自己和時間合而為一。但我也非常清楚，我的日常生活並不總是這樣。

要養育兩個年幼的孩子，要經營一家企業，要寫書，我的一星期安排得很漂亮。我把時間框下來，依日期、小時，有時是十五分鐘，我感到安慰的是，我有能力決定尚未到來的未來會發生什麼。它很高效，但我不禁覺得，透過如此精確地安排事

情，我正在縮小我的選擇範圍。

我們的一整天常常被分割，而不是隨著季節、月亮和世界的開展而流動。線性時間讓我們對錯誤的事情保持高度警覺。鬧鐘、通知和提醒給我們一種錯誤的緊急迫感，以至於我們過於專注於日常事務，而忽略了這個世界真正急迫的事。

社會對於在壓力下快速交付的要求，甚至已經滲透到了日常的語言裡。我們得快速完成，跟上，跑腿辦事、塞進更多事。我們對「時間管理」愈專精，我們更會運用生活小技巧和捷徑，就有更多事情能擠進我們行事曆中的各個時段。這是無情且無止境的，我們根本不可能完成所有被要求做的事情，如果我們花點時間優先考慮我們真正最關心的事，那些許許多多的事情中，很多可能與我們實際上會選擇做的事並不一致。

當然，如果沒有某種時間表，就很難在現代世界中運作。例如，若沒有時間表，如何知道何時丟回收、何時送孩子上學、或何時前往機場？我們如何處理堆積如山的待辦事項，如何召開會議、制定計畫？行事曆提供了一種方式，將我們的生活方便地串在一起，讓我們至少有一半的機會能夠在某個特定的時間和空間點相遇，一起做事。

由於時鐘時間在現代生活的各個層面無所不在，我們很容易忘記，它只是一個聰明的人類發明，為我們的生活固定了一個框架。有人可能稱之為「執行時間」（doing time）。也許並非巧合的是，「執行時間」這個短語也是英語俚語中「坐監」的意思。毫無疑問，線性時間有助社會運作，但也許它也會分散我們對永恆當下真理的注意力；而永恆當下的真理，是將我們的人生視為不斷湧現的時刻，每一個時刻都是珍貴的，都值得我們全心關注。

倘若，正如道元所說，真的有「有時」（being time）這樣的東西，而我們是時間存在（time-beings）——由時間構成的存在——而其他一切存在的東西也是時間存在呢？倘若每一刻都包含了所有時間存在的所有存在時間——過去、現在、未來、所有可能性、一切同時發生呢？

這似乎是道元所說的，而且它與一位博學的日本紳士（另一位辻先生）在我問他「心」在哪個位置時告訴我的話完全一致。他的回答讓我感到震驚。他說：「『心』存在於時間之中。沒有時間，就沒有『心』。」這就是道元所說的，沒有時間，就沒有我們。對我來說，這感覺像是一種看待生

命，與死亡的全新方式。

關照此刻

　　想到所有這些，我的頭痛了，所以我起身去找
杯茶。在永平寺旁的親禪之宿柏樹關[5]裡，我遇到
了一位和藹可親、開朗友善的比丘尼。我問了她一
個問題，便輕鬆地聊了起來。

　　她明確地說，《正法眼藏》是一種宇宙學，是
一種對宇宙本質的形而上學研究，探索的是超出我
們大多數人所能理解範圍的「時間」，儘管它是在
不同的時代寫成的，但它在今天同樣重要。

　　這位比丘尼溫柔地告誡我：「當妳研讀道元
時，妳必須記住，他所說的時間，並不是製造出現
今這個快速世界幻象的一分鐘一分鐘的時間。他談
論的是時間的浩瀚──講的是人類壽命這麼長的跨
度，它既微小又巨大得難以想像。」

　　道元寫道，一天有六億四千零九萬九千九百八十
個瞬間[6]。似乎沒有人知道他這個數字從哪裡來
的，但它指出的是，一個瞬間是極微小的。他說，
在每一個彈指間，就會有六十五個瞬間出現和消

失，[7] 每一個瞬間幾乎是才開始就結束了。實際的持續時間並不重要，重要的是它說明了道元的「瞬間」不是我們可以用智力理解的時間跨度，而是一個如此短暫的時間，以至於當我們活在當中時，會體驗「時間」彷彿是在我們體內流動的東西，就像我們和它一起流動。

理論物理學家卡洛·羅維利（Carlo Rovelli）在道元時代的八百年後這樣寫道：「如果我們所說的『時間』只不過是指發生這件事，那麼一切都是時間。所有存在的事物都離不開時間。」[8]

這位比丘尼和我年齡相仿，我向她解釋了我來到這裡的原因，以及我正在尋找一個問題的答案，這個問題是：我要如何生活，讓我走到生命的盡頭回頭看時，會知道我沒有虛度，我過得很好。

她微笑著說：「如果妳照顧好當下，並給予當下全部的注意力，它就會與過去和未來聯繫在一起。妳可以看得出來，現在的一切都是從過去而來，而現在的一切也都與未來連結。所以，妳的工作，就是盡妳所能地照顧好此時此刻。」

這位比丘尼向我講述了她在起誓之前的人生，當時她留著長髮，穿著可愛的鞋子。她說，現在她走上了這條充實而滿足的道路，事情變得

容易多了。她不再被物質的欲望所吞噬，她的人生不再是她擁有什麼，或沒有擁有什麼的結果。她的臉上沒有任何皺紋，當她笑起來時（她經常笑），看起來容光煥發。

我問她是如何決定成為比丘尼的，她只是說：「時候到了。」

「但是妳怎麼知道是什麼時候該做這麼重要的事？」我問。

「跟著連結的線索，」她建議說：「去妳必須去的地方。不要強迫得到答案。它們會來，而妳就會知道。」

世界的心跳

當永寧寺周圍夜幕降臨時，我躺回床上，再次拿起我的《有時》這本書。打開始，它的開頭是這樣：「謂『有時』者，即『時』既是『有』也。『有』皆是『時』也。」[9]我一直讀著，直到睡著。

幾個小時後，我就在凌晨三點半起床，洗臉、穿好衣服，和其他大約三十個人一起參加了一場晨課前的簡短講座，晨課是永平寺的僧人每天早上會

在寺院最高處的法堂進行黎明祈禱和讀經。他們給了我一本多摺頁的經書，並告誡我不能把它帶進洗手間、掉在地上或坐在上面。我的手突然出汗，我覺得我會不小心做出所有這些事情。

我們安靜地被領到大廳後面，在那裡坐下，把外套和毯子裹在膝蓋上保暖，然後等待。石獅守護著大廳後面一個巨大的暗色祭壇。鑼聲響起。一次又一次。每一次敲打時，都會在榻榻米地板上傳導一些震波。

轟鳴聲越來越大，敲鑼的間距越來越短，直到整個大廳充滿了巨大的金屬敲擊聲，震耳欲聾，連整個身體都感覺到震動。

身著赭色和黑色袈裟的僧人魚貫而入，在層層疊疊的金飾下就座，這些金飾在最柔和的晨曦下發著亮光。

一種可能來自頌缽的更高音開始與鑼聲交替出現。這股奇異而優美的音樂節奏越來越快，彷彿雪崩從山上衝下，潰散在法堂的地板上。

然後是突然的，一片寂靜。

我感覺自己好像剛剛目睹了道元靈魂的某種召喚，他的骨灰就存放在隔壁的陵墓裡。

鼓聲一響，鑼聲再次響起，眾僧人開始念《心

經》，聲音低沉如蜂鳴。我想到每天早上這個儀式都會進行一次，數百年如一日，僧侶們現身為眾生祈禱，無論我們是否意識到這一點。

很快就輪到一位高僧獨自念誦，他的聲調比我所聽到的任何人的聲音都要低。接著更多僧侶加入誦經。我的左手被昆蟲咬傷，無名指腫得很快，我不得不摘下結婚戒指。這感覺像是某種測試。即使咬傷引起我的注意，我還能專注當下嗎？

這時鑼敲響了兩下。我向一邊望去，一位僧侶站在一面大鼓旁，時間開始變慢。他抽起鼓棒，全神貫注地敲擊繃緊的鼓面。在抽手與擊鼓之間，可能已過了十分鐘，也可能是兩秒鐘，或是永恆。我不知道。我知道的只是，在那一剎那，即使我身在當中，也能感覺到這段經歷在某種程度上改變了我。彷彿道元在那裡表達了他的想法，示現了鼓聲中無限短暫瞬間的浩瀚。

感覺就像我剛瞥見了一個激進的概念，而這個概念已經隱藏在眾目睽睽之下八百年了：

展開的時間是一種能量的脈動，
是世界的心跳，
而我們存在於它的節奏之中。

我發現自己又回到了正念心的想法，以及調整當下智慧的能力，並認識到它包含了所有的，和所有未來的潛力，此時此地，提供了一種新的開始，就在當下，當下，當下。當我們心存正念時，我們會從當下之中行動，而不是從外在觀察。即使在我寫這篇文章的時候，我也能看到語言的侷限性，並感覺到我是如何努力說出一些感覺，與我的意識大腦所能掌握的邊緣的東西是一致的，但我知道，當我以這種方式專注時，我對這一刻、這一天，和我們稱之為人生的體驗，感覺是完全不同的。

騰出空間

我的思緒回到了羽黑山，以及我在爬山後不久，與日本最聖潔的人物之一的談話。星野大師是第十三代山伏，他的家族數百年來一直在出羽三山敬拜。我花了幾個月的時間安排採訪，結果發現，四分之一個世紀前，我在山形縣政府工作時的上司，就曾在小學時上過星野大師的課。這不是我第一次發覺，年輕的自己已經為之後的我留下了一條連結的痕跡，而之後就是現在。

在採訪過程中，我脫口而出一個我本來沒有打算問的問題：「什麼是祈禱？」

「生活就是祈禱，」他說：「我們生活的方式，就是我們獻上的祈禱。」

我想起了羽黑山是如何被稱為「現在與現世利益之山」，並思考這個經常被翻譯成英語「earthly desires」的詞，是多麼的奇特。「現世利益」意味得到如健康和好運等利益，作為積極信仰的獎勵，儘管僧侶會告訴你，重點應該是積極信仰，而不是任何形式的獎勵。但「現世利益」的直譯即是「來自這個世界的利益」[10]，這在現今很容易與金錢和地位的累積聯繫在一起。這類的欲望可能對我們的星球、我們的社群和我們自己的福祉，造成很大的損害——而且，當然，在佛教裡，欲望被認為是苦難的根源。從物質的角度來考慮，對自己大聲說出「現世利益」這句話也感覺很諷刺，因為欲望完全是集中在我們尚未擁有的東西上，從而將我們的注意力從當下轉移到一個想像的未來，或者偏離到別人的生活，比較就是從這裡開始的。

但後來我突然意識到：

任何形式的祈禱的目的，

都不是祈求我們想要的東西，

而是對我們已經擁有的東西表達感謝。

　　也許從羽黑山上學到的真正一課是，不論我們相信的是什麼，我們都要學習在信仰中更積極主動——無論我們的宗教是否有個名字，或者我們的宗教是否是某種完全不同的東西，也許是自然、美或藝術——從而為每一天注入一點神聖感。

　　羽黑山山頂有一個水池，稱為「鏡池」，人們在這裡發現數百面平安時代的銅鏡，距今已有一千多年。在神道教的傳統裡，鏡子被認為是具有近乎魔法效力的物體，幾個被發現的羽黑山鏡子被保存在倫敦大英博物館和紐約大都會博物館。將鏡子扔進深池塘的這個動作，蘊藏著不可思議的解放概念，它解放的是，我們不再需要擁有一個物品來照見自己。

　　我開始意識到，中年可能是一個機會，讓我不再向外尋求對我存在價值的驗證和確認。這個機會讓我不再擔心我實際上並不關心的事；也是一個重要時刻，讓我真正了解我對人生各方面的感受，以便我就可以優先考慮真正重要的事情。

花些時間在大自然裡冥想和反思，幫助我排除了頭腦中的噪音，並接通我的「心」的智慧，它告訴我要放慢腳步，繼續傾聽。與其受基於過去經驗的理性決策，或預期不可知的未來的導引，我們可以接受當下讓我們感動的能量來導引。

也許這真的很簡單。我們只需要調整心態，用心對待人生。我們越是關注自己的人生，就越能接受眼前的所有選擇——包括文字、圖像和感受——我們越能確定我們的心想讓我們知道什麼。

一陣冷風吹來，我能感覺到冬天即將來臨了。該回英國了。我即將理解一些重要的事情，雖然還不能完全清楚地表達出來，但我知道它與我在人生中開闢一些時間和空間的強烈衝動有關。多年來，我從一個計畫跳到下一個計畫，從一個截止日期到下一個截止日期，幾乎沒有時間來盤點並感知深處正在醞釀的東西。

我越來越覺得我應該要有相當長的一段時間，清空我的行事曆，並讓自己暫時有點隱形。身為一個自營業者，這讓我異常緊張，但我想要相信這種感覺。

麗莎的話仍然縈繞在我心頭：「如果沒有奇蹟

出現，我會知道。如果奇蹟出現，我會活好活滿。不管怎樣，這都會是這個特殊時期的結束。」為了紀念我過世的朋友，而且要認可我們這些還留下來的人是幸運的，我當下決定，我要終止我無止境追逐的時代，而要充實地生活，並且從暫時離開專案的跑步機開始。我並沒有放棄；我只是屈服於內心要求重新設定人生的呼求。

我決定履行我現有的教學承諾，持續到冬天結束，然後進入春天時，日曆上幾乎沒有任何事情。這是我十年來第一次一股作氣取消所有計畫。我認為我需要空檔的原因，是要引入新的想法，這通常會帶來新的機會，並最終證明這些空檔的合理性。

我為自己感到非常驕傲。感覺很棒，我很高興。我想，這樣一來，我的中年不適已經得到了充分的解決，而我的問題也即將得到解答。

我大錯特錯了。

我當時不知道，隨著冬天過去，春天來到，我需要這段空檔來完成其他的事情，因為我的母親被診斷出癌症晚期，所有的問題都變了。

「心」的工作：時間

- 你與時間的關係如何？

- 你在多大程度上嘗試規畫和控制自己的人生？如果你放鬆下來，將注意力集中在當下——你生命中的這個時刻、這一星期、這一天、這一小時、這一分鐘，會有什麼不同？

- 現在對你來說，真正重要的是什麼？

KOKORO WISDOM —— 心的智慧

一個不虛度的人生，
是一個我們臨在的人生。

當我們整天沉思過去或擔心未來時，我們就錯過了正在開展的人生體驗。我們的心會對此時此刻正在出現的世界做出回應，因此，為了對準「心」的智慧之窗，我們需要對此時此地的一切保持臨在。

---

1.   詳見：daihonzan-eiheiji.com/en/。

2.   Katagiri, Dainin, Each Moment is The Universe: Zen and the Way of Being Time (Boulder: Shambhala, 2007), p.11.

3.   針對「有時」或「Being-Time」的深刻分析，我高度推薦《Roberts, Shinshu, Being-Time: A Practitioner's Guide to Dōgen's Shōbōgenzō Uji》，Somerville: Wisdom，2018，這是我去永平寺時帶在身上的書。

4.   Cohen, Jundo, The Zen Master's Dance: A guide to understanding Dōgen and who you are in the Universe (Somerville: Wisdom, 2020), p.119.

5.   可參見 hakujukan-eiheiji.jp。

6.   6,400,099,980 數字來自道元禪師的傑作《正法眼藏》中的一篇〈出家功德〉。有很多英文譯本，如 Nishijima, Gudo, and Cross, Chodo, (trans.) Master Dogen's Shobogenzo Book 4 (Tokyo: Windbell, 1999), p.122.

7.   同前注。

8.   Rovelli, Carlo, (trans. Segre, Erica and Carnell, Simon), The Order of Time (London: Penguin, 2018), p.92.

9.   Nishijima, Gudo, and Cross, Chodo, (trans.), Master Dogen's Shobogenzo Book 4 (Tokyo: Windbell, 1999), p.122.

10. Roberts, Shinshu, Being-Time: A Practitioner's Guide to Dōgen's Shōbōgenzō Uji (Somerville: Wisdom, 2018), p.26.

PART TWO

GASSAN

第 二 部

月　　　山

——在月山的死亡陰影下——

如果你有足夠的勇氣談論死亡,你可能
會聽見來自這座聖山的低聲回應,據說
這裡是祖先靈魂聚集的地方。這裡奇特
而且美麗,有一片令人嘆為觀止的高山
草甸,人們稱它為彌陀原、無量光佛,
並說它是地球上最接近淨土——天堂的
地方。

如果你再勇敢一些,選擇去那裡,沿著
山中修行者的足跡登上山頂,你就會進
入另一個世界,那裡雲霧繚繞,就像靈
的呼吸一樣,將你吞沒。

你會在他們稱為「月山」,日文讀作
「Gassan」的地方找到自己,又失去自己。

月山是出羽三山三座神山中最高的一
座,據說代表死亡和過去。因著我們了
解死亡的出現,可以如何教導我們好好
地生活,這就是我們的故事接下來引導
我們去的地方。

第五章

人皆有死

—— 在這裡。不在這裡。——

我坐在寫作室老舊的格子呢扶手椅上，尋找一首完美的詩。「選一首美麗的詩。」我母親以前會這麼說。我伸手去拿《尋找回家的路》（*Finding the Way Home*）選集，打開時剛好是一首大田垣蓮月的短詩；大田垣蓮月是超過兩個世紀前的一位出家人，也是陶藝家和詩人，但她所描繪的人類生命，超越了她所在的時空。蓮月這個名字的意思是「蓮花之月」，她的人生既悲慘，又美麗。她的詩說到我們接受山櫻花優雅飄落的事實，比我們放下對世界的依戀要容易得多。[1]

那是我的四十六歲生日。前一天晚上，剛好有滿月和月偏食。那天稍晚，我們國家將見證新國王的加冕典禮。但是當我坐在窗邊的晨光下，想著三天後將如何辦理母親的葬禮時，這一切似乎都不重要了。

這一切發生得太快了。

我母親吞嚥困難的症狀已持續一段時間。她服用胃酸倒流藥片一陣子了，也確定情況並不嚴重；然而情況一直沒有改善，她便被送去做內視鏡檢查。醫生發現了一個小腫塊，因此進行了切片檢查。母親發短訊說：「有點嚇到，但我們保持樂

觀。」她去做了掃描，當醫院建議她帶孩子一起去看檢查結果時，我的血液結冰了。她得了食道癌，但他們不知道病情的嚴重程度，需要進一步掃描才能知道答案。

那天我們去了一家咖啡館，像往常一樣東南西北地聊。我決定不能抱持這可能是我們最後一次一起去咖啡館的想法（結果正是）。我的心還沒準備好接受那一類的想法。但後來她要我幫她選一些書寫紙，讓她可以寫信給朋友和家人，我明白她心底知道即將發生的事。

母親節

在母親接受三次核磁共振檢查後的第二天，父母和其他家人一起來到一間供出租的房子；我們在房子的牆上掛滿照片彩旗，捕捉她人生中的許多瞬間。我們用童話般的燈光裝飾，在晚餐時向母親敬酒，一直笑到我們在一題家庭測驗中哭了，同時不斷假裝我們安排這次聚會，不是為了告別。白天，我很樂觀，做該做的事。晚上，我哭到筋疲力盡。

那個周日是三月十日，英國的母親節。我訂了一束乾燥花環當作母親節禮物，當她打開盒子時，有一瞬間，我看見我把它從她家拿下來並帶回我家。那時我穿著一件夏天的洋裝。我把這個影像拋到腦後。

一位朋友把海灘小屋借給我們，讓我們在海邊度過一整天，母親身上裹著毯子，享受孫子們歡笑的每一刻。我們用畫筆在石頭上畫畫，吃炸魚和薯條，海鷗在我們頭頂上盤旋。直到其他人都回家後，母親才坐在我們客廳的沙發上，看起來極為疲憊，她要了一個熱水袋敷她的背，並說：「我想要更多的聖誕節，更多的生日，但我們總是想要更多。多少才夠呢？」我想，不管我們擁有過多少個聖誕節和生日，永遠都不夠。

第二天，我的父母留得比較晚，看我們的孩子上學。當 K 先生慢慢地開車離開時，母親站在後門揮手。沒多久，他開始倒車。起初我以為是孩子忘了帶什麼，但後來我意識到，他是要給她們多一次留下彼此印記的機會。母親再次揮手，在她瘦骨嶙峋的手的顫動中，我感覺到所有她來不及說出口的話。

回想一段人生

我小的時候，每當下雨天，母親會走到樓梯下的櫃子裡，從一堆冬衣裡拿出一個黑色的垃圾袋。裡面裝滿了包得像禮物一樣的書，那是一個用故事書當獎品的幸運抽獎遊戲。屋子裡的每個房間都有一個書架，我們在書房裡度過了許多快樂的時光。

後來，當我準備上大學學習日文時，雖然母親很怕搭地鐵，但還是和我一起去了倫敦。我們在「日本中心」（Japanese Center）這間小賣場裡的圖書區待了幾個小時，收集我閱讀清單上的所有書目，並分享對於一個全新開始的興奮之情。

幾年前，她在水石書店（Waterstones）看見一位女士拿著一本《侘寂》（*Wabi-Sabi*），考慮是否要購買。母親後來轉述了她怎麼脫口說出：「那本書是我女兒寫的！」但接著不知道該說什麼。我希望她知道，這位女士手中的這本書之所以存在，是因為她從小灌輸給我對文字的熱愛。

我十幾歲的時候住在京都一個寄宿家庭裡，稱呼另一個人為「媽媽」，並在思鄉和不知所措中掙扎時，她寫信跟我說：「妳好勇敢，好有冒險精神。我不知道妳從哪裡來這麼多勇氣。妳正過著我

從來不敢，但很願意嘗試的生活。加油。」

我沉浸在這些話中，多年來一直相信我確實比她更勇敢，直到最後的日子，我才意識到她在友誼、愛和病痛中的勇敢，遠遠超過了我。

儘管我的母親能看見每個人、每件事的優點，但像大多數經歷過困難的人一樣，她一生的大部分時間都帶著遺憾和擔憂。但是在她聽到診斷的那一天，事情發生了變化。彷彿在那一刻，她明白她攜帶的重物，是縫在她選擇穿的一件外套襯裡的石頭。在離開診所的路上，她把它脫下，交出來，說：我不再需要這個了。

從那一刻起，她就明顯地接受了。好吧，事情就是這樣，讓我們充分利用我們剩下的時間。我一直在等待她樂觀的話語被憤怒、怨恨或憤憤不平沖走，但這從未發生。儘管她有時會因為錯過的一切而感到極度悲傷，但她也有一種完全意想不到的輕鬆。這位女士一生中大部分的時間都在思考過去或擔心未來，突然間，她幾乎完全專注於當下。這樣的結果是，雖然我們和她一起度過的剩餘三個星期是極其短暫的，但它們也是我才剛開始明白的，珍貴的、美麗的，深深鼓舞人心的。

「我不害怕。」她在去世前幾天斬釘截鐵地告

訴我，我很好奇她是怎麼過生活，或是怎麼選擇面對死亡的方式，讓她如此明確地表達這一點。

事實是，我很害怕。我害怕被她留下的大洞吞沒，而且這個洞一天天地逼近。我害怕感覺孤單。除了 K 先生之外，沒有人像她一樣一直關心我。我意識到我在這方面完全是個初學者。我從未失去過母親。我甚至從來沒有待過一個垂死之人的身邊。我從未見過一副死亡的軀體。

我的手機嗡嗡響，是一位東京的朋友發來的簡訊：「這可能是妳為人子女，為妳的母親所做的最重要的工作。」

我不知道我是否能勝任，但我知道我絕對會去做。

時間，悄悄溜走

幾天後，我搭火車回到父母家，幫母親處理文件方面的工作。我們在她的書房裡，周圍是文件夾和喝一半的茶杯，這時，她的電話響了。母親原本約了下周一去看檢查報告，沒想到會接到電話。她當然沒想到會在當時被告知他們已無能為力。電話

來的時候，我只是碰巧在她身邊。我認不出當下我發出的聲音。

她決定到周末才向家裡的其他人透露這件事，以便在其他人的悲傷加上來之前，給自己一些時間來消化這個消息。她請我發誓保守祕密，送我回家，並列出了幾項要做的事情，她也堅持要我不能錯過第二天孩子們在學校的演出。坐在村子的禮堂裡，看著孩子們歡唱關於海盜和美人魚的歌曲，我腦子裡只想著我母親在她的書桌前為朋友們寫告別信，以及想著要如何告訴我的兩個兄弟和我們的父親。

接下來的周一，醫生看著她的眼睛，證實她已經知道的事情：「妳的癌症已經是晚期了。它從妳的食道擴散到妳的骨頭。它在妳的脊椎、脖子、下巴、臀部。」

我母親拒絕治標的化療，但接受了在她的食道與胃部相交的地方放置一個支架來幫助她進食，這應該是一個常規程序。醫生說，運氣好的話，我們還能再陪她三到六個月。但這個鐵絲網支架移位了，經過一夜的嘔吐，她疼痛難忍，被救護車送往醫院。第二天醫生重新定位了支架，但為時已晚。她幾乎沒再吃東西。我收拾了住在醫院一晚的行

李，但最後住了快三星期，直到她在臨終關懷中心去世。

　　臨終關懷中心比醫院還要平靜。儘管日子屈指可數，每一天都感到舒展與從容。由於無法進食，母親的體重迅速下降。我們為訪客制定了輪流到訪表，每個人都讓她非常開心，但是她太累了，我們很快就不得不切換方式，僅限家庭成員來訪，歡迎其他人改透過簡訊問候。我把這些訊息一一大聲讀給她聽。我愛妳。我愛妳。我愛妳。

　　母親節的照片彩旗掛在她的床邊，房間裡擺滿了鮮花。一名護士微笑著看著一張母親和她最小的孫子用 Snapchat 照片編輯軟體，讓自己戴上大墨鏡、穿上人造毛皮大衣的照片，護士說：「我認為生命的意義就是一直被愛著，直到最後一刻；而且你愛的每個人知道你愛他們。」

　　「我絕對同意。」母親回答。

　　「我認為妳很勇敢，知道嗎？」護士說。

　　「勇敢？我嗎？為什麼？」母親問。

　　「我看到妳們兩個每天都寫這些信。妳們現在寫了幾封？」

　　「五十六封。」她微笑著看著我說。

「能夠如此誠實地面對這些正在發生的事情，並一遍又一遍地把它寫在紙上，用這樣說再見，是一件多麼勇敢的事。在這個時候，妳還把心思放在其他人身上，真是很無私的人。」

　　「哦，我覺得遇到困難時，為別人做事是最好的排解方法，」母親說，這聽起來像一個好佛教徒會說的話。「老實說，這些信對我，和對他們一樣重要。我的朋友們為我帶來了很多快樂，讓他們想起這些事，又再次為我帶來快樂。」

　　然後她轉向我。「妳再說一次那位比丘尼說了什麼？」她想起了我告訴她的一部紀錄片，講述了日本比丘尼、小說家和活動家瀨戶內寂聽的故事，她一直過著充實的生活，直到九十九歲去世。

　　「活著就是去愛。」

　　世界仍繼續運轉著，但我們對它不清楚了。我決定不讓我們所剩無幾的時間浪費在預期的悲傷上。我把事情寫下來，把想法錄在手機裡，拍照、拍短片，問問題，一連坐著好幾個小時，看著母親熟睡，彷彿要在她消失之前把她喝下去，伴隨關於未來與她一起的所有想法。

　　那天晚上，當臨終關懷中心的一名工作人員帶

她去洗澡時，她轉過身來，看著我說：「謝謝妳所做的一切。」我還沒準備好做最後的告別，所以我說：「明天是我們特別的一天。只有我們倆人。妳能保證妳會精神抖擻嗎？」她答應了，執勤人員把她推出了房間。

我收拾好東西準備晚上出發，出去時經過了浴室。門關著，她的輪椅空著，停在外面。

等待

幾天後，她被移到一間個人房。沒有人需要告訴我們，這是人們死去的地方。房間很大，足夠容納幾張折疊床，而且門面向花園，所以我們決定全天至少要有一個人陪伴母親。她不想獨自一個人，我們也不想離開她的身邊。這意味著我們聽到了她所說的每一個格外特別的字。

媽媽說她看見一群孩子像紙人一樣排成一排，他們全看起來像我弟弟。她看見我丈夫在山上。她看見一個小女孩拿著一枚金幣，想要「把它和其他東西一起掛在牆上」。她問我們：「盒子裡有什麼？它可以幫助人們。」接著她大聲說：「所有的

家人排成一列手牽手，奶奶、爺爺、丈夫、孩子、先生、孫子們，全在一起。」

另一天，她說：「我坐在一塊石頭上。」她凝視著前方，彷彿凝視著大海。她看起來很自在、很滿足。說話對她來說很費力，但她又說了一遍，以確認我們聽見她的聲音。我們的家人都住在英格蘭南部海岸的各處，她提到自己坐在一塊石頭上，感覺像是邀請我去靠近海浪的地方找她。

她顯然處於一種中間狀態，在此處與彼處之間移動，無論「彼處」在哪裡。她說到一些抽象的東西，例如光和形狀，也說到一些具體的事物，例如擠滿了人的大房間，和照亮道路的一串串燈籠。另一天，她說到排隊。有很多很多人在翻牌的名單下排隊，就像舊式機場的班機起飛時刻表的看板一樣。

每天她都會打起精神幾個小時，晚上變得精神渙散，然後沉沉睡去。我們以為就要失去她了，然而她會在黎明時分的鳥叫聲中醒來，坐起來說「早安」，神清氣爽的。日語中有一個迷人的短句「心にきざむ」（kokoro ni kizamu），意思是把某件事刻在你心裡。這就是我對我們每天早上互相重複的話所做的：

我們有幸擁有這一天。

我們為她做水療護理。我們放爵士樂，或聽雨聲，或分享故事，有時只是安靜地在一起。有一次，她環顧四周，看著我們，這些她聚集起來的家人，說：「我真是太高興了。有時人生很難，但我不想改變什麼，因為它引導我來到這裡，被所有這些愛包圍著。人生至此，夫復何求？」

「把我推到花園去，」她說：「哦，這裡太可愛了。讓我們拍一個短片吧。」然後，她讚嘆地看著周圍說：「我正享受生命美好的時刻。」

我記得那天的陽光。它從她身上發出光亮。

有時候情況很殘酷。她不舒服時，我不知道該怎麼幫助她。她瘦得像一根樹枝，但我無法為她餵食。她完全知道所有她將永遠不會再經歷的事，我無法跟她說她是錯的。然而很多時候，她都神采奕奕，說了很多故事，經常笑著，這顯然是受到朋友和家人的愛的滋養。我們輪流守夜，夜深人靜的時候躺在瑜伽墊上，我很清楚我們正處於一個傳送門的開口處。我能感覺到悲傷在角落徘徊，但很高興我們仍然在一起。

自古以來，日本就有詩人、武士和禪僧寫絕命詩的傳統。當我躺在黑暗中，武士伊達政宗的一段文字像塵埃一樣，在落向她的床的光柱中飛舞：

　　「心中明月當空無絲雲，照盡浮屠世間黑暗。」[2]

　　我思考著，沉思自己的死亡會是什麼樣子，不是以一種抽象的「有一天」的方式，而是以一種非常真實的「也許是今天」的方式。回想起來，我很好奇為什麼即使在死亡已近在眼前的時候，我仍然認為這只是發生在其他人身上的事情。

　　現在想起來，我記得直樹先生曾經告訴我，日本文化就是關於死亡的，而且他並不是第一個告訴我這句話的人。死亡的意象存在於季節詩歌的哀嘆中，存在於繽紛落下的櫻花彩瓣中，存在於作為社區一部分的祭祖傳統中。對死亡的覺知，是對「無常」的覺知。我以為我已經活在這樣的覺知中，但隨著母親日漸衰弱，我意識我在那之前的理解，只是理智上的。直到各種與年歲相關的結果，與即將失去的母親碰撞時，我才真正明白這意味著什麼，也才明白，強烈覺察什麼是真正要緊的，是有多麼重要，因為這樣我們才能在它消失前好好珍惜它，充分把握每一天。

在她去世的前一天早上，側躺著的她不知為何看起來更嬌小了。她的臉頰塌陷，眼窩周圍的臉色變暗，看得出下面的頭骨。所有原本豐潤的肉都不見了。她穿著紫色睡衣的肩膀慢慢地上下起伏。她的雙手溫暖，臉孔輕鬆，但似乎在等待著什麼。那天，K 先生帶著女兒們過來，他們是最後來探望她的孫子女。我好奇她是否在等待多一劑的快樂。

自從女兒們出生以來，我母親就一直占了她們生活的大部分，當我和 K 先生必須工作時，母親會照顧她們。她是她們的第一個朋友，她們愛她，就像她是她們喜愛的泰迪熊。女兒們穿著最好的衣服過來，有點緊張，不知道會發生什麼事，但她們很高興見到外婆，就像外婆很高興見到她們。

一陣閒聊、笑聲和溫柔的擁抱後，母親就睡著了。女孩們製作了一段影片，當母親發現她們已經離開時，我放了這段影片給她看。

她問：「最後是怎樣？」

「就是這樣的。」我說，一邊用我的手機小螢幕上給她看女兒們甜蜜的小臉，靠近她身邊，告訴她，她們有多愛她。

「太棒了。」她低聲說道。時間似乎來回跳躍，前一分鐘看似真實的事，下一分鐘就變得深不

可測。

　　她過世的前一天晚上，我幫她洗澡。一個巧妙的裝置將她疲憊的身體從輪椅上抬起到浴缸上，我放了一些冥想音樂，她躺了下來，終於釋放了所有的緊張。她不再在意自己是一具帶皮的枯骨，放鬆地靠在浴缸壁上。在接下來的三十分鐘裡，我將溫水淋在她身上，看著水流在她嶙峋的鎖骨周圍，聽她說洗澡有多麼幸福，還有她對這一切有多麼感恩。

結束，開始

　　如果你要我描述我母親的死，我可以描述她去世的那一刻，她的四肢發冷，眼窩變黑，臉上的皺紋似乎消失了，她的呼吸只是變慢，然後停下來了。或者我可以唸出千音的絕命詩，千音是松尾芭蕉一位弟子的妹妹：「它亮起來／和消失得一樣快／一隻螢火蟲。」[3]

　　或者我可以說她去世前的幾個小時，當時我們齊聚在她的床邊，她躺在那裡，雙手交叉放在心上，我哥哥讀著《魔法森林》（*The Chanted*

Wood）。我可以告訴你我們如何輪流握她的手，撫摸她的頭髮，或者我如何靜靜地唱著《當你需要我》（*When You Need Me*）。或者我可以告訴你，我如何告訴她，她很勇敢，還有我們對她的愛，她可以放心離開，我會在風中、海浪中、星辰中和雨點中尋找她，我不知這些話是從哪裡來的。

我可以告訴你她是如何嘆息：「我已經沒時間了，對嗎？」然後轉向我們，用她的力氣和決心，每次呼吸都只發出一個音節，「我─會─永─遠─愛─你─們─所─有─人。」這是她的絕命詩，她一個字一個字地說出來。

或者我可以說她去世的那一刻，當時我突然感覺到我的胸口充滿了一種特殊的光，不是你想像的蠟燭那種輕柔的光芒，而是一種密集而且沉重的光。我記得有一次讀到，如果把一湯匙的中子星帶到地球，它的重量將超過十億噸。就是這樣。密集的星光，如山的重量，飄浮在我的胸口，占據了從心臟中心到鎖骨的所有空間，就在我胸前，皮膚的下方。

我想知道這是否是她生命力的一小部分，或者，這是否是她儲存起來的所有光芒，用來照亮我和我的孩子們的未來，她提前儲存了這些光芒，以

供我們在需要的時候使用。我到現在還能感覺到這道光。即使我身體的其他部位經歷了悲傷所帶來的一切，發抖、寒顫、噁心、麻木，那密集的星光仍然存在。

我的母親於四月十五日去世，當時正值春天，我們花園裡櫻桃樹的花瓣正飄落到地上，花瓣一直留在那裡，直到我隔天回到孩子們身邊，我才突然意識到，我完全不知道如何活在一個沒有她的世界。

寂靜的春天

接下來的日子天空灰暗而陰鬱，或者晴朗但寒冷。我花了很多時間在書桌前整理文件，處理後事的相關事務。當我再也無法忍受對另一個陌生人說明我母親去世這件事時，我會穿上我老舊的棕色靴子，往河的上游走，小心翼翼地選擇路線，以免踩碎腳下長得很好的白屈菜。

五月初的一個下午，我正在玫瑰園除草，我的小女兒坐在鞦韆上，一邊吃著黃瓜，一邊尋找蝴蝶。

「外婆什麼時候要粉化？」瑪雅（Maia）漫不經心地問道，彷彿在檢查她的火車什麼時候進站。

「哦，可愛的女孩，她下星期就要火化了。火化的意思是變成骨灰，這樣我們就可以把她撒在一個美麗的地方。」

「就像撒在花園裡幫助花朵生長一樣嗎？」

「對，就是這樣。外婆希望她的骨灰撒在藍鈴花樹林裡。」

「那麼，如果我們去那裡，我們能在樹皮上看到她的臉嗎？」

「那不是很棒嗎？」我半抱著希望地說。

幾天後，我四十六歲了。當然，母親沒有打來電話，沒有突然來訪，也沒有精心挑選的禮物。但最讓我驚心的，是看不到她的筆跡。她再也不會寫我的名字了。

我去海裡游泳。水溫異常寒冷，大浪拍在我四周。由於擔心戒指掉在水裡，我用左手拇指將它們固定好。現在那裡有第三枚戒指，我外婆的結婚戒指，是幾星期前傳給我的。鹹鹹的海水在我身體四周破碎，浪花四濺，順著我的臉流下來。浪花。淚水。無懼的生命力。

我看著海浪拍打著黑色的岩石，並尋找我的母親，但找不到她。我雙眼追著一隻在熱氣流中滑行的海鷗，牠的翅膀寬而有力，我聽見海浪滾進、退出的聲音。

　　生命就像一隻眼睛的形狀，從虛無中出現，中間充滿愛與歡笑、恐懼與失望、希望與夢想，然後又歸於虛無。有那麼一刻，我以為我看到那隻眼睛是一張臉的一部分，是一個環境中的身體，橫跨大海，我在其他一切事物的背景下，看見了一切。我看見發出光的地方，也看見我們所瞥見的人生，只是我們無法理解的更大圖像的一個微小的暗示。

　　之後我覺得很冷。

　　天哪，她死了。我的母親去世了。我的母親去世了。

　　我絕對可以在任何事情上信賴她，除了請她不要這樣做。

「心」的工作：人皆有死

請溫柔地回答這些問題，如果需要，請在探索這些問題時與某人交談。

- 做一個關於三星期的測試。如果你知道接下來的三個星期將是你人生的最後三個星期 —— 你會很好、很健康，然後就離開了 —— 你會如何度過這段時間？這說明了你的優先事項是什麼？萬一真的發生，你現在需要採取什麼行動嗎？
- 你希望死後會發生什麼事？
- 與某人談論死亡或結局。談話結束後，記下對談話內容的任何觀察，以及談論這件事帶給你的感受。

KOKORO WISDOM —— 心的智慧

一個不虛度的人生，
是一個完全體認到萬物無常的人生。

身為人類的毀滅性事實之一是，我們最終將
失去我們真正關心的所有人和所有一切。當
我們校準對齊「心」，我們的感受和情緒的
寶庫時，我們就能培養出一種強烈的意識，
知道什麼是最重要的，如此我們就可以在失
去它之前珍惜它，並充分利用每一天。

---

1. 大田垣蓮月的這首無題詩可見於 Maloney, Dennis, (ed.), Finding
   the Way Home: Poems of Awakening and Transformation
   (Buffalo: White Pine Press, 2010), p.48。

2. 原詩可見於 Waka no Sekai ('World of Japanese waka poems'),
   http://575.jpn.org/ article/174793884.html。作者翻譯，二〇
   二三年九月六日查閱。

3. 原詩可見於 Hoffmann, Yoel, Japanese Death Poems (Tokyo;
   Rutland; Vermont | Singapore: Tuttle, 1986), p.146。作者翻譯。

第六章

墜落

—— 放手。隨波逐流。——

在我成長的過程中，我沒有用文字描繪過死亡，我曾失去祖父母和外祖父母、他們的兄弟姐妹、一位阿姨、一位表哥、大學室友、同事、像家人一樣的朋友，他們或死於疾病、意外，或因老邁，雖然我清楚地記得每一次失去的痛苦，但我很少談論他們當中的任何一位。也許正因為如此，隨著年齡的增長，我變得迷信，認為說話時若我談論死亡或悲傷，會吸引它們的能量，即使它們已不請自來過。但是吞噬我母親的黑洞是如此巨大，我不可能從我們的日常生活中把它隱藏起來，即使我曾這樣想過，但我並沒有。

母親去世後不久的一個周日早上，我在做煎餅時，與我們九歲的孩子談論死亡。我對自己的坦白感到驚訝，也意識到當我的母親離開這個世界時，我內在的某個東西已經有了裂痕。光，出奇不意地照了進來，而我想用對話和我的女兒分享，讓她不會只記得黑暗。

「媽咪，不要說『死了』，」西耶娜（Sienna）說。

「為什麼呢？」我問，擔心她繼承了我的迷信。

「因為『死』的意思是『結束』，而外婆沒有結束。」

外婆沒有結束。這幾個字在我的腦海和心中盤旋數個月，我試圖弄清楚她去了哪裡，以及我們的生命是否真的有某種連續，或者是否就是這樣，然後就結束了。

世界上的每一種宗教都有關於我們死後會怎樣的說法，其中大部分都是相互矛盾的。我不知道我相信的是什麼。我的大腦有一堆關於來世的理論（包括是否有來世）、母親在最後日子說的話的記憶，以及她往生那一刻時我體驗到的感覺。倘若硬幣的一面是死亡，那麼它的另一面當然是生命。我的中年追求有了一個新的問題：關於人生，以及好好活著，對死亡的敏銳覺察能教導我什麼？

日文裡有幾個表示哀傷的詞，包括「悲痛」，一種深深的憂傷；「哀惜」，喪親之痛的特殊悲傷；以及「愁傷」，一個結合「秋」和「心」與「傷」的詩意詞；大多數表示哀傷的詞都包含「心」的部首，作為其中一個字符的基本元素。「傷心」這個詞字面上的意思就是「有傷疤的『心』」。

哀傷是「心」的工作。

心是哀傷跳動的心臟。

在我們談論死亡之後，我九歲的孩子寫了一封信給我，上面寫著：「我愛妳，我知道妳很傷心，我永遠都在妳身邊。如果妳想要一個擁抱，或一些巧克力，就來找我。我想，當妳很難過但又不想哭的時候，也許妳可以把任何剛好想到的東西畫下來。」她在這些字下面畫了兩個框框。左邊那一個，她已先畫了幾個抽象的圖案和一群魚，留下另一個框框給我。「畫的時候閉上眼睛，只要用感受的。」她寫道。她不知道，這正是我應對悲傷的方式。

在黑影的中央

沒有任何東西綁住我，我飄浮著，沒有什麼可以讓我抓住，也沒有什麼可以抓住我。我知道這是悲傷，但我也知道這不僅僅是悲傷。我同時經歷著一種不自覺的脫落，是關於我知道我不再需要，或者關心的事；以及由死亡引發的，自我認知遭到毀滅。我極為躁動。有東西告訴我，這終將會被釋

放，但我還沒感覺到。我只覺得自己隨風飄散，被風帶著走，像是來自遠方的聲音。我能聽見周圍發生的事，而我自己彷彿也在其中，但我並不完全在那裡。彷彿那個有邏輯、理智的那個部分的我已經消散了，而我是由另一股力量推動的。

起初，我閱讀關於哀傷的書。回憶錄、勵志書、小說。但他們所描述的，和我的感受不同。我很欣賞這些作品和作者所費的心力，但過了一陣子，我就不再看這些書了。我會好一點，之後又想起我的母親已經過世了。每一次，它就像一把剃刀刮在我的膝蓋上。

我讓自己接受不想社交的感覺，我去跑步，卻最終躺在地上，盯著天空；之後因為太陽下山後的沉重疲倦，而早早上床睡覺，這樣我就可以在她再也看不到的日出時分醒來，並將墨水和淚水灑在紙上。

日語裡有一個詞是「中陰」，指的是一個人在死亡和重生之間的一段中間存在的時期，佛教的傳統相信，這段時間會持續四十九天。我記得一位朋友告訴我，她的母親來自一個非常傳統的日本家庭，她教她在某人往生時，要每天點一根香，持續四十九天，因為她相信，死者的靈魂可能會覺得

迷失，不確定要不要離開。「我們會坐在香前，在心裡跟死者說話，」她告訴我：「我們會讓他們知道，這裡一切安好，他們可以離開了。」

根據日曆，我的母親正在中陰時期，而我覺得自己在某方面也是。有母親在世的那個我，在母親過世的那一刻已經結束了，我在一個轉換階段，如今不確定如何自處，或者自己是誰。我在腦海中將這個詞分開。「中陰」這兩個字裡，「中」意味「內部」，「陰」意味著陰陽中的「陰」或「影子」。她的缺席在我們的生命中留下了一塊陰影，而我就飄浮在這塊陰影的中心。我為她、為我、為我們大家點燃了一根蠟燭，在這四十九天裡的每一天，以防萬一。

奇怪的是，這一切真的讓我對追求任何東西都完全不感興趣。我已經失去了所有對物質主義的感覺。我很少去逛店家，即使我去了，我只是精神恍惚地亂逛，然後空手回家。

我想徹底清理一下，當我整理我的工作空間時，我發現了媽媽收到診斷前幾星期的日記。當時我讀了神諭卡，並把它寫下來。我並沒有將神諭卡與任何特定信仰連結。然而，我認為它們是連結到

我內心已知事物的簡單方法。它就像是從我的心之書中飄出的書頁一樣。

這場風暴襲來之前，我抽出的卡片上寫著：動盪的時期即將到來，但我越不抗拒，最終就會越快樂。它還說我最依附的東西會先走，我必須讓那些東西走。「妳會想起自己的死亡，並更清楚地看見妳的命運與他人的命運相交，」我的筆記上這麼寫：「不要勉強。相反地，放慢腳步，去問大多數人不會問的問題。這時就該暫時的無作為。」

K 先生和我決定在海灘上度過一個下午，我們躺在鵝卵石上，凝視著天空，天空是湛藍色的。一隻海鷗從頭頂飛過。我們自拍一張照片，我發現我右眉旁邊的皺紋加深了，而且我左眉旁的皺紋也差不多——我很驚訝，我有多麼地不在意。一位身穿深色套頭衫的男人正在海岸線附近掃著一支金屬探測器。我一直在等他彎腰撿起一些發亮的東西，但他的機器一直沒有發出嗶嗶聲。海浪潮來潮往。我們坐著，開始找石頭。

「你最喜歡哪一種石頭？」我問。

「很難跳過白色石頭。」他說。

就在這時，我看到腳邊有一塊完美的心形白色鵝卵石。它摸起來很光滑，我把它放進口袋裡，偷

偷地把它收起來，這樣一來，那個拿著金屬探測器的男人就不會嫉妒我的寶藏了。

我一直在想著神諭卡裡的文字。去問大多數人不會問的問題。我從這個最艱難的一課裡，學到了什麼？

燃燒

我想，我正走過這座不歸橋，下面是一道黑暗的峽谷，河水翻滾，飢餓的熊在那裡徘徊。我不會掉下去。這座橋會撐住。這是學習信任的一課。

我不知道哀傷會帶來什麼，但我沒想到憤怒會在我的心中燃燒。它是一種炙白的熱，一種我從來不知道的熱。它消耗了我大部分的精力，而剩餘的精力則用在避免我的孩子受到影響。我的筆記本上快速寫下的多個大大的「X干」字是明證。在我下筆用力的地方，紙頁都被我寫破了，紙的邊緣都皺了，像是被熱燙過一樣。

母親過世的時候，就像一棟大樓被推倒了，打開一個空間，讓人看見之前被隱藏在後面的東西。最讓我震驚的，是我的憤怒不僅是關於這個倒塌，

而比較是關於她一直站立的那個空間。這個空間非常巨大。彷彿母親這一邊祖先所承載的所有東西，都讓我全身燒起來。我認為我母親知道會發生這種情況。她在去醫院之前曾以不尋常的方式說：「不要讓這件事造成創傷，不要讓它留在妳的身體裡，讓妳生病。一定要把它釋放出來。」

我和我的憤怒奮戰。我靜坐冥想。我跑向大海，對著浪濤嘶喊。我奔跑。我寫作。我把我寫下的怒火和盛焰的文字扔進一個碗裡，點一根火柴，把它們包含的心情一起燒了。這些紙燒了起來，我整個人也燒著。

我很害怕這些火焰蔓延到我生活的其他部分，所以我決定離開一段時間，並在最後一刻報名參加了位於博德明荒原（Bodmin Moor）卡比拉（Cabilla）[1]的寫作靜修會，我聽說那是一個特殊的古老森林地帶與河流，有溫和的雨林和長滿野花的原野，而且有我最喜愛的詩人之一擔任老師。沒有人告訴我，魔法即將發生。

第二天早上，我收到一則簡短的訊息，當中的訊息我無法坐視不理。我原本漸消退的憤怒再次燒起。我退到一個角落，打通電話給一位與我親近的人，他告訴我，我的反應是正常的。講了很長一段

電話後，我覺得比較平靜了，但當我掛上電話，走向正在進行早晨瑜伽的空地時，我的體內仍然有些憤怒在攪動。

我為我的遲到表示歉意，然後拿出瑜伽墊，開始伸展。當我一伸出右臂，有一隻飛蛾飛下來，停在我的手臂上面。牠只有三公分左右，有一個又長又直的鼻子，收起來的翅膀邊緣有一條銀色的線，這讓牠看起來像是穿了一件神奇的斗篷。

我從來都不傷害昆蟲和會飛的生物，平常時我的本能是把牠們趕走。但這次沒有。這隻美麗的飛蛾讓我立刻感到安心，整堂瑜伽課，牠都停在我的手臂上。在旁邊瑜伽墊上的莉婭（Leah）靠過來對我輕聲說，在她居住的夏威夷，飛蛾被認為是死者在轉換時期的靈，為他們愛的人帶來靈的信息。後來我才知道，許多日本人也相信同樣的事情。

早餐結束時，那隻還在我手臂上的飛蛾已經成為靜修營裡的話題。我出去走了很長一段路，寫了一些東西，吃了午飯，但牠仍然跟著我。

我從來沒有遇過這樣的事。這隻飛蛾讓我感覺被安慰，同時也感覺牠在尋求我的保護。「媽媽，我找到妳了。」我發現自己這樣說。感覺她也找到我了，而且牠來幫助我消除我的憤怒，我的憤怒隨

著每小時的時間流逝，漸漸消散了。

那天下午，我想去河裡游泳，所以我在我的小房間裡的一本詩集上放了一些葉子，放了一小盤水，讓飛蛾在我游泳的時候留在那裡。牠從我的手臂飛離，停在地板上。當我一小時後回來的時候，牠還在同一個地方。我把手臂放下來停牠旁邊，牠又飛上來。一直到稍晚，我的心感覺安定後——從牠第一次飛上我的瑜伽墊以來超過十個小時——牠才飛走。

我記得自己曾經害怕母親離開後，我會覺得自己乘著時間的浪潮，逐漸遠離她而進入未來，但這隻飛蛾讓我認識到思考道元的時間觀時，一種意想不到的、完全受歡迎的附加感覺。原來，我完全不會從她身邊遠離。不，她每一刻都在我心裡，和每樣東西一起。

靜修營結束後，我在社群媒體上貼了一張照片，請大家幫忙辨識這隻蛾。原來牠是一種草螟科的蛾類，學名是 *Chrysoteuchia culmella*。當然是這個名字。我母親的名字是 Christine，她全部的朋友都叫她 Chris。

骨灰和骨頭

我沒有告訴任何人母親火葬後我做的噩夢,夢見她的大體燃燒的景象。她的面容很平靜,沒有痛苦,但她的全身都是火。我看見火焰在她瘦弱的手上的紫色血管和鎖骨上舞動,她往生的前一天晚上,浴缸裡的水恰好是滿到她鎖骨的位置。還有她抱過很多人的雙臂。還有在我的孩子們還小的時候,曾和她們一起走過數英里路的雙腿。她喜歡整理整齊的頭髮,還有她很藍很藍的雙眼。所有這些都在燃燒,變成灰燼。這幅景象炙烤我的心,我的肺充滿了煙霧。

現今,在日本幾乎每個人最後都是被火化。在一種被稱為「撿骨」的儀式裡,家人會在火化後聚在一起,用長筷子撿起骨灰中剩餘的骨頭碎片。我第一次聽說這種習俗時,全身不寒而慄。這和我們國家處理亡者的方式天差地遠,我難以想像。有人說,這會幫助人們面對失去親人的事實。想到我母親的骨灰放在她家的骨灰罈裡,我實在無法把那些鋪滿灰燼的遺骸,和生我育我的人連結起來。

在道元的《正法眼藏》中,有一段關於薪柴和灰燼的有名段落,寫道:「如薪成灰,不重為薪,

雖然如此，不應見取灰在後而薪在前。」[2]

我隨身帶著這段文字，尋找出把灰變回薪柴的方法，挑戰不可能的認知；要知道物質本身不滅，每一時每一刻皆然。

以後見之明來看，任何形式的悲傷，都有能力焚毀我們所知道的生命，而我們這些留下來的人，有責任在今天的灰燼中，尋找過去的骨頭：回憶、人生教訓、共同的故事、愛的見證。這是一份病態、令人心碎的工作，但我有一種感覺，這可能對我們的生存至關重要。

那張神諭卡上的字再次浮出：

去問其他人不會問的問題。

倘若中年和其他關鍵的人生轉變，例如結婚、離婚、畢業、空巢期、職場轉變和退休，也是一場燃燒呢？倘若我此刻的工作，正是在所有先前已消逝的一切灰燼中，撿起剩餘的骸骨呢？去選擇我想要帶著，放進我心房口袋的回憶。去接受人生已經教給我的教訓，同時向那些我尚未學到的東西敞開心扉。去承認我所感激的一切，感激我已活過這些年。而且，去明白灰燼就是灰燼。它現在不能是薪

柴了，但灰燼能滋養某種新東西的根。

　　那段時間我的一個安慰是，我們沒有未說出口的話。我的母親知道我們有多愛她，我們也知道她有多愛我們。我很感激我們沒有推遲我們彼此想說的話。

　　我的思緒飄回去年在京都很西邊的一座墓園裡的一次偶遇。我信步走到一座小寺廟的入口，對安置在灌木叢中的一座雕像感到好奇。

　　「妳好。」一個溫柔的聲音從我的右後方傳來。

　　「哦，妳好，我只是進來看看這座雕像。應該沒問題吧？」我說，一邊轉過身，看到一位看起來和藹可親的老太太拖著腳步向我走來。

　　「哦，我不是這裡的工作人員，我是來為我母親掃墓的。她二十六年前的今天過世了。在這裡，讓我帶妳看看。」

　　不知不覺間，我已經跟著那位自稱是松本太太的女士來到了另一扇門裡面的墓園，她向我介紹她的家族墓地。我真的不知道該說什麼，所以我問松本太太關於她母親的事。「她是怎樣的一個人？」

　　正當她要開始告訴我的時候，另一位女士帶著一大束的葉子匆匆走進墓地。「她是我的妹妹，」

松本女士為我們互相介紹。「我們總是在母親的周年忌日在這裡見面。」她轉向她的妹妹,說:「這位年輕的女士剛剛問我母親的事,還有她年輕時的生活。」

就這樣,一個小時的回憶開始了,她們回想起她們的童年,想起母親講述的戰後生活是多麼艱難,說當時他們非常窮困,不得不找草來吃。她們說到戰爭中喪生的男人們,以及她們母親的堅強,還有她們小時候儘管生活困苦,如何苦中作樂的趣事。她們因為一個特別的事件笑了,這時松本太太卻也哭了起來。

「妳還好嗎?」我問。

「自從母親二十六年前去世,我和我妹妹從未像這樣聊過天。」她說。

她的妹妹低頭看著地面,搖搖頭。

「我現在可以開心地死去了,因為我們說了這些話。我想,是母親今天派妳來這裡,讓我們能這樣聊天,否則為什麼會有一個外國人在她的忌日這一天出現在我們的墓地呢?」

正是這次談話,讓我對自己發誓,我和母親之間不會有任何不說的事,而我很高興我這麼做了。

尋找我的路

這種飄浮無根的感覺持續了很長一段時間。我不確定下一步該做什麼，便又抽了一張神諭卡，尋求接下來的人生指引。

我抽出的卡片讓人不禁多看幾眼。它講到自我崩潰，而度過這段時間的唯一方法，就是消除我所認為的自己，成為我注定要成為的人。我在讀這段文字時，我知道這個過程已經開始了。

我的邊界感覺模糊了起來，彷彿我多年來精心建立的一層層的累積，正在剝落並隨風而去。而我並不在意，這令人驚訝。

這些牌卡預示著前方會有情緒上的動盪，一個浴火鳳凰的計畫正醞釀中，當然不是這樣。最艱難的部分肯定已經過去了。

前一個秋天，當我在火紅楓葉燃燒的季節去日本攀登羽黑山，並在山腳下的參拜者宿坊拜訪星野大師時，我曾詢問過山伏修行體驗的情況。他說：「妳要體驗過才能了解。妳何不嘗試一下呢？」

山伏修行體驗開放給任何願意前往日本偏遠山區參加體驗的人，被譽為全世界最艱難的修行之

一。多年來我聽過很多關於它的故事，關於禁食、過火，在冰冷的瀑布下靜坐冥想、在半夜爬山等。我一直很好奇，但這太挑戰極限，何況我就快五十歲了。所以我只是微笑著，繼續我的下一個問題。

當時我就打算以一種邊緩慢前進、邊吃零食的方式攀登月山，但就在去年十月我出發前，我手機裡的 Line 突然響了，有訊息。是我的朋友浩司（Kōji），他是一位超級馬拉松跑者，也是一名認真的登山者。他的照片顯示前一天他去爬月山時，一片白茫茫的景象。「太冷了，」他說：「到處都是雪。我想已經太遲了。」

即使我在新冠肺炎大流行後，搭乘了邊境開放後的第一架班機前往日本，但月山已經在冬天前封山了。我很扼腕，只差幾天就錯過了健行的時節。就算春天來了，那裡海拔較低的地方會成為滑雪地，而且持續到七月；要一直等到明年夏天，這座山才會完全開放，而那似乎還很遙遠。

母親去世時，我腦中不斷浮起月山的影象。我發送一則訊息給一位山伏，詢問我是否可找時間安排一個有人伴行的徒步旅行。許多日本人相信月山是他們祖先靈魂的家，我想知道，去到那裡會不會有幫助。「當然，」他說：「但在那之前，請讓我

帶著妳母親的名字上山，並在山頂的神社為她的靈祈禱。」我太感動了，不知道該說什麼。

我對健行的想法越多，就越好奇我是否應該全程走完，並接受山伏修行體驗[3]。想到山伏修行的體能與心理挑戰，我就戒慎恐懼；我也對神祕的儀式很保留，但我無法把這座山的影象從我腦海中抹去。

若我的母親有如此的勇氣面對死亡，我也一定也能面對月山。

「心」的工作：墜落

- 你為什麼樣的結局哀傷？它們帶來，或可能帶來什麼樣的開始？

- 當你悲傷或失落時，某人說過或做過的最體貼或最有幫助的事情是什麼？

- 你和你所愛的人之間，還有什麼沒說出口的嗎？若他們已不在世，把你想要說的話寫下來。若他們還在世，何不寫封信給他們，和他們說說話，或用什麼方式連絡？

KOKORO WISDOM —— 心的智慧

**一個不虛度的人生，
是一個融入愛的甘苦的人生。**

當我們失去一個我們所愛的人，是「心」做
著鍛煉我們的哀傷的工作，並且提醒我們，
痛苦愈大，我們愛與被愛的愈多。

1.　　詳參見 cabillacornwall.com。

2.　　Tanahashi, Kazuaki, (ed.), Treasury of the True Dharma Eye: Zen Master Dogen's Shobo Genzo (Boulder: Shambhala, 2010), p.30.

3.　　詳參見 yamabushido.jp。

第七章

釋 放

—— 旅 行 之 光 ——

用我不知道自己擁有的肌肉爬上一堵巨石牆，我覺得想吐，全身酸痛，我還對從手背上流下的汗水既著迷又排斥。幾個小時前，我們在黑夜中起床，開始爬山，當時月亮還高高掛在天上。

我的背包裡有兩個普通的御飯糰，但我不知道什麼時候才能吃。從前一天開始我就沒吃任何東西。我不習慣禁食，不知道下一餐是什麼時候，讓我很煎熬。

通常，我會先做研究，但對於山伏修行體驗，我刻意避免找太多資訊。我們被建議不要提前問太多問題，因為「資訊會妨礙我們」。不過，我讀過的一件事是，這個修行融合了佛教十法界的概念：六凡（地獄、餓鬼、旁生、阿修羅、人間、天道）和四種更高的、通往成佛境界的四聖。[1]隨著我們的修行愈深，感覺我們一次巡迴了全部的十法界。

我渾身發臭。我從來沒有覺得自己這麼骯髒過。這裡不允許洗澡或刷牙。我們每一天都穿著同一套衣服，每天早上在黑暗中穿上衣服時，衣服上前一天的汗水還沒乾。我猜這裡就是野獸的世界。我不能問問題，因為我們不被允許說話。除了誦念祈禱之外，我們唯一被允許說的話是「うけたもう」（uketamō），這是我去年秋天在羽黑山健行

時所熟悉的「我接受（一切）」。

我們不爬山時，通常是以日本傳統的正坐姿勢坐著，冥想時雙腳會慢慢變麻。當時正值盛夏，但參拜者的宿坊沒有空調，我們光是坐著就流汗。

晚上，我在一個充滿鼾聲的房間裡，躺在硬地板上好幾個小時，試圖忽略那些在我疲憊的身體上享用美食的昆蟲，一邊想著我到底來這裡做什麼？當我終於入睡時，就被幾公尺外海螺洪亮的聲音驚醒了。

頭頂上的燈亮了，我們得在第二次海螺聲響起之前，把薄薄的蒲團收起來，在黑暗中使用室外廁所。那是要我們趕快穿上繁複的白裝束的信號，這套白裝束因為昨天的汗水，還硬梆梆的；在第三聲海螺聲響起之前，我們必須到室外集合了，穿著白色的分趾靴在黑暗中排隊，就緒，拎起木杖，準備出發。

當我站在月光下，感到頭暈目眩、分不清東南西北時，我想起，儘管我很想來，但我也一直害怕這一天。我們的修行要求我們在三天內爬三座山，那一天輪到了月山。

許多人相信，逝者的靈魂會在其他較低的山坡上接受四十九天的修行，然後前往月山——我們正

要在黑暗中攀爬的那座山——在那裡,他們被神化並永遠存在,照顧生者。根據這種信念,過去無數世代的靈魂就近在咫尺。

我們總共有二十四人,十四名日本女性,九名日本男性,加上我,各自處於不同的準備狀態。基於緘口的規條,我對於和我一起爬山的人一無所知,甚至不知道他們的名字。這在日本是非常不尋常的,因為在日本,自我介紹是最重要的,通常以公司或團體的隸屬關係開始,然後是名字,用所有格的方式接在後面,例如「日立の田中です」(Hitachi no Tanaka desu,我是來自日立的田中),其中的「の」是所有格的意思。然而,在山上卻恰恰相反:

> 我們是無名的,不屬於任何地方,
> 不屬於任何人,只屬於我們自己和大自然
> 本身。

由於最近幾個月發生的一切,爬月山是我最感興趣、也最緊張的。

天氣炎熱,步伐很急。月山海拔近兩千公尺。

任何明智的人都會為了爬這座山而做一些訓練。我
的準備工作包括四個月的悲傷、與兩個小孩旅行
六千英里、一個一直出錯的假期，以及在前往山區
時，因手腳笨拙，拿背包時拉傷的肩部肌肉。

絕對不是假期

　　我和 K 先生決定帶女兒們去日本過暑假，並在
京都租一間小町屋，而不是我自己再次獨自前往日
本，接受山伏修行體驗。這聽起來很夢幻，但現在
回想起來，我發現我們其實沒有考慮周全。

　　我們落地了。我們融化了。我們在日本全年中
最熱的一天，在東京迪士尼樂園慶祝了一個八歲生
日。三天之內我們去的便利商店，比我一輩子去過
的次數還要多。

　　我努力維持生活必需的基本條件：保持涼爽和
水分充足，找到他們願意吃的食物，隨時反應，找
樂趣。當我自己都認不出自己時，這些事說比做容
易。通常，我是一個冷靜、好奇而且有彈性的旅行
者，尤其是在日本。我原本希望把過去幾個月的壓
力拋在腦後，但結果卻是把它帶在身上。我全程都

感到緊張、不耐煩和崩潰。從家鄉傳來了大量的壞消息——有人即將離婚、有房屋出售失敗、有訂婚解約。所有的一切都在高溫中融化。

經歷幾天東京的超負載——噪音、燈光、潮濕、不受小孩青睞的電梯高樓等等——我們終於搭乘新幹線前往京都。K 先生和我放鬆地坐在座位上，從右側車窗眺望富士山，很興奮能前往一座我們都喜愛的城市，並與孩子們分享我們的回憶。

結果是，孩子們對京都過往的故事完全不感興趣。她們只對眼前的京都興味盎然——紓壓公仔、動漫海報，和一排可愛動物形狀的甜甜圈。有一陣子，我很沮喪，因為她們對我想向她們介紹的所有東西完全沒興趣，有一天，她們對野生猴子公園的興奮，突破我的盲腸，我明白她們喜歡的東西也很重要。

日本是一種感覺。我一直在城裡的大街小巷走來走去，努力向孩子們展示我最喜歡的地方，帶她們去吃我覺得美味的食物，並向她們介紹那些讓我有賓至如歸的感覺的人。但「感覺」不是可以言傳的；而是從內心深處某個地方冒出來的。感覺是我們從「心」裡，對世界的回應。我們每個人都必須自己發現這一點。

我知道，她們在貓咖啡館裡為毛茸茸的小貓餵魚餵冰棍時臉上的喜悅畫面，很快就會僅存在另一個朦朧的記憶中，所以我彎下腰撫摸這些貓，跟在她們旁邊一起輕輕地喵喵叫。

　我們旅行十天後，在 IG 上我貼了許多笑臉和美景，這些照片是真實的，但也還有另一個多種崩潰的版本，那也是真實的。也許是太天真，我沒想到帶孩子出國長途旅行會這麼累。然而，在這一切中間，我仍然非常感激，感謝我們能夠在一起，在這樣一個特別的地方留下回憶。這是心情複雜的、充滿挑戰的，而且一點也不放鬆。

　一天晚上，在一個特別難入睡的晚上，一個女兒大喊「我想回家」後，K 先生建議讓他帶女孩們先回去，讓我一個人在日本多待幾個星期，以便做我需要做的事；他指的是寫作，也指其它他能感覺到尚未完成的一切。

　我一開始拒絕了，後來我說，其實這樣是好的，然後我哭了，感覺到一個巨大的失敗。我經歷過多個京都的夏天。我期待什麼？孩子們失去了深愛她們的外婆，在漫長的學年結束後都累了。我期待什麼？我想要有個假期，一邊哀悼母親，一邊寫書。我期待什麼？帶孩子去任何地方旅行都會消耗

你所有的儲備精力。我們沒有儲備。我期待什麼？

我們為 K 先生和女兒們預訂了返家的新航班，盡量不去想著浪費掉的錢，而是專注於一起度過的剩餘旅程。不知何故，知道一切很快就要結束，這樣的想法改變了一切，這對我們所有人來說，都是一段特殊的時光。

有幾個傍晚，當空氣稍微涼爽時，我們會去散步。在許多日本鬼故事中，黃昏時分這個一天中的特定時間，被稱為「逢魔時」（ōmagatoki），這時，奇怪的事物從陰暗中走出來，想像中的事物會活起來。他們離開的前一天晚上，當我握著女兒們的小手走在京都的街道上時，我感覺到有一股力量想要我轉身。我發誓我看到身後有一道銀灰色的塵埃痕跡，像是細小的灰燼飄浮在月光底下。

留下來的人

我的家人搭乘午夜班機飛往杜拜，睡眠像幽靈一樣嘲笑我，彷彿就快睡著，但一直無法真正睡著。我盡量想著我最珍視的家人，如何正在一個金屬管裡繞著地球飛馳。我怪自己沒有規畫地更好。

怪自己沒有更多耐心。我不太舒服，感覺像得了流感。天還沒亮，我就起身了，我照照浴室裡的鏡子，發現我的臉不太對稱，眼睛下方有黑色三角形的浮腫。儘管最近這幾天很開心，但我還是覺得自己很失敗。我可以看見我臉上深深的皺紋裡，流淌著每一滴悲傷。我曬黑了，但不知何故看起來是灰色的。我的頭髮很塌。我又認不出自己了。

我點了一根蠟燭，泡了杯茶，想聽見已被吸進牆壁裡的家人笑聲。日文裡有一個美麗的詞，「悲喜交織」，意思是內心的喜樂與悲傷交替，品嚐人生的苦樂參半。在過去的幾個月裡，我一直有這種感覺，當我的家人離開後，這種感覺一直縈繞在我們租來的小町屋裡。失落與愛，沮喪與歡笑，陰暗與光明，麻木與活力，破碎與感恩。

他們離開的時間，恰是我計畫北上參加山伏修行體驗的時候。我搭乘新幹線前往東京，然後再轉另一段新幹線，繼續前往新庄。

列車出了東京一小時後，四周可見稻田、小鎮和村莊，還有一些更荒野的綠地。福島正在下雨。陽傘換成了雨傘，行人的腳步加快了。不久，這裡就出現了峽谷、低矮的森林山脈，有一段時間

看不到房子。再往北，偏遠的出羽三山地區正等著我們。

當列車衝進隧道時，我在車窗上看見了自己的倒影。我看起來很老。很無趣的樣子，穿著米色衣服，頭髮向後梳成髮髻，讓我在炎熱的天氣裡保持涼爽。一副標準中年人的樣子。但我的幸運羽毛項鍊從車窗外對著我閃閃發亮，並預示著我將迎來冒險。

神話之山

於是我發現自己站在黑暗裡，衣服穿一半，半睡半醒，準備面對月山。這座神聖的山峰意為「月亮山」，得名於月讀命，月之神及黑夜的統治者。月山供奉月讀（「月讀命」的簡稱），所以我們在月亮仍高掛天空時開始登山，雖然身體疲憊，但從某方面來看，感覺是合適的。

你可能還記得我提過這座山，它在一年中大部分的時間都被白雪覆蓋，日本人相信這裡是祖先靈魂的聚集地。我不知道我們死後會怎樣。沒有人知道。我不知道靈魂是否會從我們的身體分離，然後

爬上一座山。我不知道我們是否只是消失了，我們的身體以有機物的形式回歸大地。我不知道是否有業力、輪迴，或天堂之類的東西。在日本，你會發現有人相信所有這些事，也有人完全不相信這些事。我確實知道的一件事是，被稱為死亡之山的月山，與我以前去過的地方完全不同。

我們的嚮導是星野大師本人，他是少數在出羽三山接受過為期一百天冬之峰冬季修行的山伏。他穿著潔白的裝束，腰間繫著一把鈴鐺，手裡拿著一支海螺。他留著長長的白鬍子，眼睛閃爍著光芒，就像是任何一個世紀的聖人。

星野大師帶領我們穿越月山低坡的廣闊田野。這是一個相當溫和的開始。我清楚知道 K 先生和女兒們正在從杜拜飛往倫敦的航班上。修行體驗期間禁止使用手機，所以我無法與他們聯繫。我以為在高山上可能會讓我感覺與他們比較近。但其實正好相反，在高山上只是讓我覺得不舒服。

當小路變成岩石，我必須把注意力集中在前面那個人的腳，用一根木杖保持平衡，有時還要爬上半公尺高的大石塊。我的身體要思考，我的思緒也變得清晰起來。

當太陽升起，遠處的鳥海山和一系列低矮的山

峰顯露出來，就像一幅用藍色皺紋紙拼貼成的一幅
畫。我每次抬頭看到的景色都不一樣 —— 小湖、開
滿花的草地、雲海 —— 一大片雲海。

> 廣闊的風景，
> 與心的感受能力，
> 可以互相呼應。

我在月山上，我感受到了這一切。我們不時會
在某個聖地停下來祈禱。搖鈴聲、拍手聲、吟唱
聲、海螺令人難以忘懷的鳴聲。這種重複的儀式對
我有深遠的影響。每一次的振動都在我的心靈空間
蕩漾。某樣東西正在開啟。

我有一種深深的失落感，但也有一種越來越強
烈的開闊感。我一直在我的內心風景中遊蕩，沒有
地圖，不確定自己在尋找什麼。有些東西終於出現
了，儘管我不知道它的名字。

要爬上月山較上方的山坡並不容易。有一次，
我精疲力盡，認為自己撐不下去了，但就在那個時
候，一股輕風不知從何方而至，為我的股四頭肌注
入了力量，我發現自己以意想不到的輕鬆方式繼續
前進。這實在太奇怪了。從那時起，我注意到，雖

然我的頭腦經常告訴我，我的體力正在減退，但是當我真正把心思放在身體上時，我覺得很有力。

到達天空

那是一個會把人烤焦的大熱天，爬山過程的大部分時間，月山都沐浴在陽光下，直到接近山頂的一個地方，這裡有大片的積雪，天空也變成了灰色。當天色變暗時，我們感覺進入了某種虛空，一片濃密的黑暗，靈魂的領域。山的心隨著古人的節奏跳動，儘管暑氣未消，我不禁瑟瑟發抖。

月山的山頂有一座神社，在神社的後面，有個區域用一條不顯眼的繩子圍起來。若不是星野大師指示我們到那個地方的時候要離開那條路，往上繼續爬，到達真正的山頂，我甚至沒有留意到那個地點。後來我才知道，那是一個為舉行神聖儀式而圍起來的神聖空間。幾天後，山伏將在這裡點燃一年一度的篝火，將居住在山上的靈魂送回日本各地的家鄉，與他們的子孫後代團聚，度過盂蘭盆節。

到了山頂，我們在星野大師身後安靜地排成一排，低著頭。他搖搖手鈴，吹響了長長的、哀怨的

海螺，唱起祈禱文，我們再次念誦《般若波羅蜜多心經》。

靈魂的領域是一個兩者之間的空間——另一個不適用日常規範的時間維度。一堵霧牆在我們四周升起，我意識到我仍然可以看到月亮，銀色的，高高的掛在天上。在寂靜的某個地方，我聽見「禱告即是臣服」這句話，然後我發現我哭了。站在死亡之山月山的山頂上，我已經看不見這座山了。淚眼茫茫之中，我只能看見薄霧和月亮，以及一些看不見的東西。

片桐大忍在他的著作《每一刻都是宇宙》（*Each Moment is the Universe*）中，將當下這一刻稱「虛無的支點」，並說道：

在那明確的點上——時間和空間的交集，被稱為此時，此地——所有的眾生聚集此刻，一個廣闊的世界出現了：過去、現在、未來、地球、樹木、行星、月亮、和恆星。[2]

這一點在月山之巔是很明顯的，從迷霧中，我得到了最奇怪、最清晰、最深刻的領悟：

我不怕死。

這與我母親在生前最後幾天對我說的話相呼應，但這不合邏輯。

我當然還不想死。事實上，有很長一段時間，其實只要我身體健康，我愛的人需要我，我便想要一次又一次地享受這個美麗世界帶來的驚喜。我希望積極參與孩子的人生，愈久愈好。我想和我的丈夫一起變老。我還有很多的詩要讀，還有很多的書要寫，還有很多的話要說，還有很多的地方要探索，還有很多的內在世界要發掘。我的工作還遠遠未完成。那麼，這是什麼意思呢？

星野大師再次吹響海螺，這幾個字再次浮現。我不怕死。這不是來自我理性大腦的訊息。它直接來自我的「心」。

我抬頭仰望天空，其他一切都消失了。我可以直接看到那一刻的核心，那廣大、擴張的潛力就在那裡，就在那時，在山上，在這個世界上，在我的生命中，在我們所有人的生命中。我可以成為任何我想成為的人。不害怕死亡，意味著不害怕放下任何和所有我認為自己是誰的想法。這並不意味著我必須重新開始，而是意味著我可以隨時重新開始。

這是一個邀請，讓我放下任何關於我必須成為誰的固著觀念。

我可以拋開我所貼上的任何的，或加在我身上的標籤，並且可以隨時自由地重塑自己。而且我不再害怕在這一生中一遍又一遍地死去，以便用新的眼光看見每一個時刻。

我也不害怕讓其他的事物死去 —— 我所講述的，關於我必須在世界上呈現什麼樣子的故事。不再滋養的友誼。那些曾經感覺很適合，但現在感覺偏離的計畫。那些從我有記憶起，繼承上一代的，用來衡量人生某個階段應該是什麼樣子的框架。我並不害怕讓它全部死去。而在這一切之中，我感知到我的憤怒已經死亡，那一天，我把它埋葬在山上。

重要的是，我們帶著愛生活，打從心裡，回應世界每時每刻出現的美麗與悲傷、黑暗與光明。我們必須記住，生命本身就是一種祈禱，每一天都是神聖的。

下山

我們下山的速度如此之快，快到我以為我會摔

斷腳踝，但我的木杖成了我四肢的延伸，我覺得自己像一隻山羊——強壯、蒙福、喜悅。當我飛快走下山坡時，我的分趾鞋彷彿留下了一道火花。

事實證明我比我所知道的還要強壯。

我們都是。

修行體驗結束，準備返回京都時，我在參拜者宿坊的庭園裡坐了一會兒，喘口氣。我感覺到有動靜，我的目光被一棵特別的樹吸引，上面有一首俳句。

天空飄向虛無
在最低的樹枝上擺動的
麻雀知道是時候了

我不能再等了。我有件事必須要去做。

「心」的工作：釋放

- 在你自己的人生中，什麼時候感受到悲喜交織——喜悅與悲傷在心中交替出現的苦樂參半？

- 如果你不怕死亡，會有什麼不同？

- 哪些事情是你現在該做，但卻一直拖延？

KOKORO WISDOM —— 心的智慧

一個不虛度的人生，是翻越一座座高山。

遇到困難時，我們理智的大腦傾向勸說我們放棄，以保護我們；然而，當我們把心思放在身體上，接通「心」的智慧，排除懷疑，我們能做的事是如此之多，超出我們的想像。

---

1. 資料來源：https://tricycle.org/beginners/buddhism/what-are-the- ten-worlds/。二〇二三年九月十二日查閱。

2. Katagiri, Dainin, Each Moment is The Universe: Zen and the Way of Being Time (Boulder: Shambhala, 2007), p.76.

第八章

衰 老

—— 生命的層次 ——

計程車把我送到了廣澤（Hirosawa）池，這是一個經常被遊客錯過的安靜地點，他們通常直接湧向附近著名的嵐山竹林。青年時期，有一段時間我住在路底一個日本家庭裡，每天放學回家，我會推開門喊：「ただいま」（Tadaima，我回來了），然後檢查木階梯的最下面一階。如果有我的信，我就不脫鞋了，而是彎下身拿信，把它們塞進我的書包，又喊一聲「行ってきます」（Ittekimasu，待會兒見！），直接出門了。[1]

　　我總會把這些信帶到湖邊。在那個年代，大學的朋友們是用傳統郵件寄來訊息，通常是寫在薄薄的藍色航空信紙上，每個人都會寫下學校裡的八卦，也必然地引發我一陣思鄉之情。當中許多封信──至少每星期一封──是我母親寫來的，分享家裡的消息。這些信總能讓我立刻感覺透過時空的聯繫，即使我們有時區的差異，而且相距六千哩。

　　母親過世前，她寫給我最後一封信。我哥哥把那封信交給我時，我就知道我想在這裡拆信，在廣澤池畔。反正在這之前，我也沒有勇氣打開它。當我們一到京都，我把信拿得高高的，貼進我的臉，尋找母親用的香水氣味，然後把信放進行李箱，我還沒準備好，因為我知道，一旦讀了這封信，就沒

有下一封信可以等待了。但是現在，在她過世三個月後，我終於覺得自己已經準備好了。

　　我小心翼翼地將這封信放進手提包的內袋，穿上一件新的綠色洋裝。我確信自己會整個再崩潰一次，所以沒有化妝。但結果完全不是我想像的那樣。

　　我下計程車時，耳邊立刻傳來孩子們的笑聲，傳遍這座島上突出於湖邊的迷你神社。那是一個陽光明媚的日子，我的洋裝與水的顏色完全搭配。風箏在我的頭頂上飛，孩子們 —— 他們和我的孩子年齡相仿 —— 正用免洗筷和繩子拼湊而成的手工釣竿釣魚，用魷魚內臟作誘餌。一隻黑色的大烏鴉棲息在附近稻田邊的一根柱子上觀看著，還有一隻彩虹色的藍蜻蜓來回飛。當孩子們抓到一隻小龍蝦時，就會發出高興的尖叫聲；這一切感覺起來像是我母親派他們來提醒我人生中簡單的快樂，童年的美妙，以及生命的循環如何持續。

　　我被他們的喜悅包圍著，坐在水邊的一棵老松下，打開了信，信的開頭是「我可以寫無數頁關於我為什麼愛妳」，這是在我母親已虛弱到無法握筆時，我哥哥手寫的，簡單而珍貴的兩頁紙，除了開頭我的名字和最後「愛妳的媽媽」簽名是她親手寫的。

「我真的為妳感到驕傲，」她寫道：「但妳不需要讓我或其他任何人感到驕傲。最重要的是妳覺得快樂。」

我沒想到她會寫這些。

我的母親用這最後一口氣，吹散了我一生緊緊抓住的成功。妳不需要讓別人驕傲。最重要的是妳覺得快樂。

這句話是出自一位幾十年來一直提醒我們教育的重要性，為我們的成就慶祝，並鼓勵我們追求自己的夢想的女士。她認為受人尊敬僅次於聖潔，一張大學文憑（她自己並沒有）能為你身而為人的身分加分。也許這是她在人生最後，在離開醫生的診間，脫下懊悔與擔心的外套後，豁然明白的事情之一。

因著這段話，我的母親證實了一些我長期以來認為對我來說是正確的，但我用邏輯思維抵制的想法：

成功與你的外在生活，
以及別人對你的看法無關。
成功是與你內在生活的豐富程度，
以及你真誠地關心他人的方式有關。

而且，它是關於你在世界上發現的喜悅、
美麗和奇妙，以及你如何透過你的生活方
式來分享這些。

　　依著這些尺度，我的母親過了美麗的一生。我
察覺到，在我完全相信這個新的成功故事之前，我
還得需要得到她的同意，這是個諷刺。你呢？我很
想知道。你如何，或將如何衡量自己的人生？
　　我抬頭望著我近三十年來多次拜訪的這面湖，
第一次看到一隻烏龜從水面游過。這顯然是支持和
好運的象徵。是前方道路的護身符。

———— · ————

　　每年八月盂蘭盆節時，京都五山送火祭之夜
的黃昏，數百盞浮燈漂過廣澤池，送走祖先的靈
魂。這裡自平安時代就是賞月的知名地點。當時
一位武士領主源賴政寫了一首關於該湖的著名和
歌，他在詩中沉思：在古代，人們是否在水邊留下
了自己的影子。[2] 九百年後，我坐在那裡，完全明
白他的意思。
　　當我在廣澤池打開母親的最後一封信時，我感

覺到年輕時的自己的影子在水邊排隊。我感覺我可
以伸出手來，用針刺穿時間，將所有版本的自己縫
合在一起——有如用一條線，把很多張薄薄的描圖
紙縫起來。那是我最近幾個月第一次遇到年輕時的
自己。

遇見彼此，遇見我們自己

　　當我第一次聽到大學同學會的消息時，我沒有
多想。同學會經常被認為是大家各自吹噓、難堪或
尷尬的可怕場合，我不想做這些事。但後來我聽說
有一位好朋友安排了一桌的晚餐聚會，幾位很久以
前我最喜歡的同學也參加了，所以我報名了。我們
在多年前大家一起讀書的教堂城杜侖（Durham），
度過一個美妙的周末。我們一起大笑、大叫，還有
跳舞，直到凌晨四點。其中一位校長朋友是兩個男
孩的母親，黎明將近時，她站在酒吧前喊道：「我
不想要這個夜晚結束。」

　　為了延後必然的分離，而且為了繼續敘舊，每
個人都回到我與朋友合住的飯店房間。我們沒有喝
陳年伏特加，而是喝了茶配薑餅，來吸收一些夜晚

的酒精，因為我們知道宿醉在我們年紀增長後，會比較嚴重。我們在續攤後有更多的笑聲、回憶的分享，談到中年的考驗，還有開心記得這幾個一起相聚的朋友，比許多其他人更了解我們；他們在我們還年輕，像海綿一樣求知若渴、有彈性時就認識我們，在社會有機會告訴我們什麼是什麼之前，在我們受到制約，認為標籤真的很重要，唯一的路是向上之前。那個周末提醒我，這些人對我們的關心，超過我們自己所相信的；而他們對我們所做何事的關心，比我們自己以為的少很多。

這次聚會聊天中出現的許多主題，在我過去幾年與當地朋友、網路社群，以及我在日本的同齡人中的話題中，也曾經一次又一次地出現。內容可能不同，但挑戰似乎是普遍的：

行過任何重大的人生轉變，
包括中年，即是行過悲傷。

我們可能會因為與年邁的父母和成長中的孩子的關係不斷變化，而感到悲傷；或者為我們無法擁有的孩子、為我們失去的人和寵物、為我們無法與他們分享的日子、為無法持久的友誼、為分離的關

係、為我們未選擇的道路、為我們所做的後悔的決定、為失去連絡的親友、為沒有好好慶祝、為我們死命追求成功而錯過的事物而感到悲傷。當我們站在任何人生重要的路口，也有預期的悲傷——為我們要全然活出生命，此刻我們知道必須放棄的事物；為我們在人生旅途中將失去的人、我們無法選擇的道路——因為在我們稱之為人生的有限時間和空間分配中，我們無法經歷所有這些。

通常，這種悲傷不會被指出和處理，因此它對我們的生命造成嚴重破壞。我們必須承認這一切，在需要的時候獲得支持，照顧好自己，並花時間尊重我們在每個階段曾經的自己，尊重他們利用他們所擁有的資訊和所處的情境，盡了最大努力。

在日文中，關於遺憾，最常見的詞是「後悔」，字面上的意思是「後－恨」。我們已經受夠多的苦了。讓我們也不要荼毒自己吧。我們是充滿活力和生氣的，每一刻都是一個新的機會，讓我們盡情享受我們仍然擁有的——一個廣闊而美麗的世界，充滿著許多好人，充滿詩歌、美和魔力。

那個周末後的星期一，我的大多數朋友離開了杜侖，回歸世界各地不同城市的正常生活時，我走

上山，經過我以前的學院，進入大學占地十公頃的植物園，那是過去我最喜歡練習日語教科書基本對話的地方之一，那裡只有樹木在聆聽。我覺得這次舊地重遊可能會帶來一些回憶，但沒想到會與我二十二歲的自己面對面。

我到的時候，她已經在那裡，在日本花園另一邊排成半圓形的石塊旁，正在為她的期末考試演練。若她通過這次考試，就會有個工作在日本等她。她正假裝在一個商務會議裡，與對方商討事情。當她說錯一個字，便從口袋裡拿出一張折起來的紙，查看一下，然後重新開始。我看得出來她對自己的錯誤感到沮喪，我想給她一個擁抱。

妳會成功的，我低聲說。

她轉頭看我這裡，彷彿聽到了什麼，然後繼續她的練習。

當我二十二歲的幽靈在為一場我知道她會通過的考試練習時，我告訴她，接下來的幾十年她會遇到什麼事。她將會怎樣繼續學習，而且她學得越多，就會知道她不知道的所有的事，而有一天，她會覺得這樣也無妨。她會如何踏上世界的旅途，在日本停留多年，一次又一次地犯錯，寫詩、寫書、寫很多的慰問卡，情書則不夠多。

我看著她身後樹木的剪影，看到一座我不記得的建築物的輪廓，告訴她我想讓她知道的事情：那些她視為朋友的人是珍貴的，她會交到更多的朋友；離她而去的男孩們必須離開，這樣她才能遇見K先生，並生下兩個漂亮的女兒（儘管這在過了很長一段時間後才發生）；有一天她會離開企業界去做她喜歡的事；有時候，做她喜歡的事，會是世界上最容易的事情，雖然有時也會遇到困難，但總是值得的。

　　我感謝她選擇學習日語，並告訴她，這將以她無法想像的方式貫穿她的人生。我告訴她要與各個年齡層的人保持開放的友誼，並記住，我們永遠不會真正了解其他人正經歷什麼事，所以要永遠保持善良。

　　我告訴她，未來幾年世界會發生如此大、如此快的變化，但她只需要保持好奇心，以免被這一切淹沒。

　　她把染過的金髮撥到耳後，再次檢查筆記，將它們塞回紫色牛仔褲的口袋裡，然後開始下一篇文章。

　　我繼續說，但不確定這些話是從哪裡來的：「任何時候妳感到失落，要仰望夜空，讓月亮和星

星提醒妳，生命是一個奇蹟，在宏偉的計畫中，妳所擔心的大多數事情根本不重要。不要執著於某些事物、人或想法。大膽冒險。美好的事物通常在另一邊，而妳在過程中會學到東西。不要那麼擔心別人怎麼想。那只是干擾。如果妳憑自己的思考來經歷人生，妳會被限制在理智所知道的範圍內。但如果妳憑自己的感覺來經歷人生，而且從『心』回應這個世界，妳將會有全部的可能性向妳展開，而妳心底總會知道，該做什麼。」

那時她已經停止練習，盯著遠處的樹，彷彿在傾聽。我傾身向她低聲說：

過妳的人生，並愛你的親友。

沒有什麼可以天長地久。

當這句話從我嘴裡說出時，聽起來就像是一種回憶。

當我離開廣澤池時，我再次想起這句話，我慢慢地環顧四周，將這一切記在腦海裡，不知下次什麼時候會回來，如果有的話，如果我回來了，今天的我會不會像影子一樣，在水邊等待？

萬燈會

　　八月份，當日本慶祝一年一度的盂蘭盆節時，
據說祖先的靈魂會回到自己的家中，與生者一起進
食與交談，而所有關於生死的念頭也在八月時湧
至，這或許並非巧合。盂蘭盆節的最後一天，我突
然很想去參加在東大谷墓地舉行的萬燈會。我先前
從未在墓地參加任何節慶 —— 這感覺像是一種入
侵，而且老實說，似乎不太正常。但今年，我覺得
自己受到邀請前往。

　　通往墓地的小路掛滿了燈籠，每層階梯和山坡
上的每個墳墓平台也都是。每一座墳墓都點了一支
蠟燭，還有許多裝飾著兒童畫。我跟隨一家人到了
墓地上方。他們帶了水桶清洗墳墓，還有幾束羅漢
松，要放在他們墳墓的一個圓形容器中。這一家人
開始工作時，仍然說笑著，直到祭拜的時候才變得
嚴肅起來，但即使在那時，氣氛還是很輕鬆。他們
的談話很愉快，和平常一樣，彷彿他們是來這裡喝
茶的。

　　我環顧四周整齊的墓地，一個個長方體的灰色
石頭直挺挺地站立，彷彿在守衛著這座城市和所有
居住在其中的人。大部分的墳墓在盂蘭盆節期間已

有人造訪，看得出剛被清理與裝飾過。

這個地方的美麗出乎意料，突然令人難以抗拒，我的心潰堤了。在山腰上俯瞰我愛了大半輩子的城市，在廣闊的晴朗夜空下，被上萬盞燈籠與先人的骨灰包圍著，我終於在感到四分五裂後平靜下來。

我現在可以看見，這種碎裂早在我母親的診斷確認之前就已經開始了。那是在好幾年前，我三十九歲時因為崩潰而寫下我的第一本書，《自由探索者》（Freedom Seeker），而這種碎裂一直持續到我尋找一個家、開業、養家、一段友誼的拆散、寫下更多本書、母親過世及後續的整個過程。帶著兩個小孩頂著酷暑去日本旅行，讓我筋疲力盡，接著又有月山上體驗精實的山伏修行，成為壓垮駱駝的最後一根稻草。我的碎裂最後以一個浮誇的行動結束，是在京都東緣一座美得出奇的墓地。

淚水模糊了我的視線，我拭去眼淚，正好看到金色的大太陽落在西邊的群山後面。天空仍然是深藍色的，還看得見黃昏時大片雲朵如羽毛般細捲，由下方光芒照亮的餘暉。這種現象被稱為「迴光返照」，這個詞也用來描述一個人死亡前的那一刻，當他們的生命力全然地展現，發出光芒。

「迴光返照」也是禪宗裡一個常見的術語。道元在他的冥想教導中使用它，通常被翻譯為「將光轉向內在並照亮自我」，儘管更字面上的意思是「轉動光的方向，並迴照光亮」[3] 這讓我想起了之前橫山（Yokoyama）先生對「心」的描述，他說「心」是一種吸收光線，並將其發送回世界的機制。

　　「迴光返照」是一個表達臨界的詞語，捕捉了一個改變的瞬間，這似乎捕捉了我在墓地時感受到的中間狀態。在那頓悟的一刻，在願意讓如此多的東西「死去」後，我發現，我不知道什麼會取代它們的位子？在我放下我一生所抱持的成功衡量標準後，現在我要如何衡量我的人生？我感覺我可能需要將光轉向內在一段時間，然後才能將光送回去給世界。

　　我想起幾年前在大峯顯（Akira Ōmine）寫的一篇名為《悲傷的系譜》（The Genealogy of Sorrow）的論文中讀到的一段話。那是關於日本人的生死觀，當時我完全看不懂，但現在我完全明白了：

　　　可以說，憂傷的底部崩塌了，人們因此覺醒到憂傷本身的深度，在當中，狹隘的、以自我為中心的憂傷被擁抱。這個憂傷的維度，超越了憂傷，而

不否認它；這不再是傳統意義上的憂傷，但也是認可它。無論生命中的悲劇多麼深，都存在一種更深層次的生命結構，包容這些悲劇，而且從未拋棄它們，使它們沒有意義。[4]

我現在明白這一段話的原因是，當我的生命跌入谷底，我覺醒到生命本身的深度，在其中擁抱狹隘的、以自我為中心的自我時，我可以看到生命的浩瀚，並且擁抱自己的所有舊版本，而不否定它們。我有一種感覺，這種視角的擴展，可能是死亡和重生的潛在結構。只有時間會知道。

我眺望這座城市和遠處西方的山脈。在那一刻，遠方的雲層裂開了，一道彩虹灑了出來。我看見我的追求變成了一種「傷心旅行」，相較於「蜜月旅行」，這是「悲月旅行」，是為一顆受傷的「心」，把旅行作為油膏所安排的。人們說時間會療癒一切，但如果道元是對的，時間和存在是同一件事，那麼活著便可以療癒。

也許全然地活出生命，是所有的工作中最重要的。

我在東大谷墓地待到夜幕降臨。萬盞燈籠閃爍，整座墓地活了起來。這是送火祭之夜，京都周圍的山上點燃篝火，告別來訪的祖靈。我想像他們像煙一樣，從整座城市與全日本的家家戶戶升起，在夜空中聚集，然後盤旋回到月山。

　　我也有一座山要回去——湯殿山，重生和未來的山。如果以我自己孩子出生的過程來想，那將是辛苦和手忙腳亂的，而且在新生命到來之前，還會有更多的痛苦吶喊。

「心」的工作：衰老

- 將你目前的年齡分成兩半，想像遇見那個年紀的自己。你會想說什麼？
- 當你進入下一階段時，你會懷念這個特定人生階段的什麼？
- 這種對死亡的反思，讓你明白自己想要怎樣過生活？

KOKORO WISDOM —— 心的智慧

一個不虛度的人生，
是一個整合多個層次的人生。

隨著年齡的增長，心會跟著我們改變和成長。
在人生的每一個階段，都有珍貴的智慧。

---

1. 「行ってきます」（Ittekimasu）是離開家時的慣用語。字
   面上的意思是「我要離開了，會再回來，」但也有「我現在
   離開了，待會兒見」的意思。

2. 資料來源：https://www.wakapoetry.net/tag/minamoto-no-
   yorimasa/。二〇二三年九月十五日查閱。

3. 這個詞可以在道元的《普勸坐禪儀》中看到。針對這部分的
   評論，可參見在奧村正博在《法眼：曹洞宗禪期刊》（Dharma
   Eye Soto Zen Journal）的一篇文章，第四十二期（二〇一八
   年九月），第十八頁。

4. Ōmine, Akira, (trans. Unno, Taitetsu), 'The Genealogy of
   Sorrow: Japanese View of Life and Death', in The Eastern
   Buddhist, Vol. 25 No. 2 (Autumn 1992), p.29.

PART THREE

YUDONOSAN

第三部

湯 殿 山

——在湯殿山上重生——

無論你身上帶著什麼，都把它帶到這裡
並放下。脫掉鞋子，站在大師面前，為
即將開始的神聖儀式做好準備。這裡歡
迎所有的人。來吧，但不要談論你在這
裡發現的東西，因為這座山的祕密，只
有參拜者才能自己發現。
在湯殿山（*Yudonosan*），也就是聖泉山
（英文為「*Sacred Spring Mountain*」），
每天都是一個全新開始的機會。

湯殿山是出羽三山三座神山中最神祕
的，據說它代表重生和未來。湯殿山神
社以其「御神體」（goshintai）聞名，
這是一種被認為與神直接相關的聖物。
我不會告訴你它是什麼樣子，因為遊客
被禁止談論他們在那裡發現的東西。也
許有一天你會親自去看看。
我們旅程的最後一部分是受這個殊勝地
點的啟發，邀請我們有意識地思考我們
想要如何度過餘生，不論我們還剩下多
久的時間。

第九章

回 歸

—— 成為我們自己 ——

說實話，那天的大部分時間都是模糊的。回想起來只有片斷。我知道有一個巨大的紅色鳥居，直達天際，當我們從它下面安靜通過時，一隻黑色的大鳥掠過天空。我記得自己被引導走過一連串的祕徑，我也記得爬下一段土坡。我記得我們被分成兩組，男性一組，女性一組。輪到我們時，我聽從一位老婦人的提點，脫掉了我的分趾靴和服袴，把它們掛在一棵倒下的樹幹上，然後赤腳爬下河邊。接著，我就進了冰冷的水裡，逃離炎熱是一種幸福，但在逆流中要踩著濕滑的巨石溯行而上是很辛苦的。

　　我記得的下一件事，是我們到了一條很大的隱藏瀑布，我被它巨大的聲響震懾了，水聲之大似乎填滿了天空。這就是「瀧行」（takigyō），即瀑布修行。

　　我第一次走進瀑布下方時，幾乎無法呼吸，更別說冥想了。我感覺瀑布的水彷彿直接衝擊我的內臟，彷彿我只是一對懸浮在垂直水流中的肺，像鋁罐一樣被水的重量壓碎。我撐在那裡不到十秒，瀑布就把我從側面趕到了岩石牆上。我一方面驚慌失措，一方面又尷尬，跌跌撞撞地走過凹凸不平的河床，到了隊伍的最後面等著，試著讓自己的呼吸平

靜下來。我努力再回到瀑布下面。

我們應該要站在瀑布下方念誦《心經》，但沒有小抄提示，我不太記得那些文字，所以我唸了一首我與朋友合寫的歌曲《河》（The River）的歌詞，我在我母親的葬禮上播放過這首歌，歌詞是這樣的：有一條河流〔喘〕流過你〔喘〕／它會流著〔喘〕直到時間的盡頭。／〔喘〕你必須相信〔喘〕／事情發展的方式〔喘〕／讓這條河〔喘〕帶你回家。

要同時呼吸、說話並站直並不容易。我總算在念誦整首歌的時間裡成功待在水下。快到最後時，我的呼吸變得急促，身體在顫抖，肩膀、脖子和頭部都因為水的沖擊而麻木，但我做到了！

我從水裡爬出來，像個野蠻女人一樣跪倒在岩壁上。我將臉轉向一側，貼在岩石上以保持穩定和舒適，同時嘗試恢復呼吸。

我的第一個想法是：「我到底是怎麼到這裡的？」我的第二個想法是：「為什麼有熱水從我的臉頰流下來？」

我花了一會兒才意識到，我們一定就在湯殿山神社的正下方，這裡被認為是出羽三山的奧之院（內部聖殿）。我沒想過會這樣遇見重生和未

來之山。

瀑布轟鳴。冷水沖過我裸露的雙腿。溫熱的聖水從我的臉上流下來。我感覺不斷受水流的沖打，而且因為巨大的聲響而迷失了方向。我什麼也聽不到，但莫名地，卻也能聽到一切。

醒來

當瀑布的水傾洩在我身上時，我有一種同時看到兩個現實的奇異感受：瀑布的現實，於某個地點的自然現象 —— 這個現實，對歷代山伏與他們的修行者來說，是一個重要的「瀧行」地點。另一個現實，是數以百萬計的水滴沖過這岩石表面，在某一特定時刻聚集在一起形成「瀑布」，但僅僅幾秒後，就躍進下面的河流，並被帶往下游，不再是我們所說的「瀑布」現象的一部分。

那麼，到底是什麼讓這座瀑布成為「瀑布」呢，我想知道，也想知道它從哪裡開始和結束？倘若它的各個元素是不斷變化的，而且它在任何兩個時刻都不會由完全相同的組成元素組成，那麼，難道只是一個標籤將它結合一起嗎？或者，也許

這個標籤是後來才出現的,而在此之前,它只是一個事件?

我的思緒繼續飄蕩。倘若瀑布可以是這樣的生物,其他的自然過程也是,那麼人類呢?我們有標籤,無論是我們被取的或選擇的名字,或一個工作頭銜,或者只是「人類」,但我們是否也有可能一直在最細微的層面上發生變化?倘若這個標籤是後來才出現的,而在這個標籤出現之前,我們也只是一個事件呢?那麼,我們人類到底是從哪裡開始,哪裡結束的?

當然,就像任何突然喚醒我們的想法一樣,我們仔細探求,並且發現很多人以前有過這種想法;我們只是之前沒有發現。後來,我進一步探索理論物理學家卡洛.羅維利(Carlo Rovelli)的作品,發現他從科學角度解釋了非常相似的東西:

即使是最「類似」的事物,也不過是漫長的事件。根據我們從化學、物理學、礦物學、地質學、心理學中學到的知識,最堅硬的石頭實際上是量子場的複雜振動,是力的瞬時相互作用,一個在短時間成功保持其形狀,在它再次分解成灰塵之前,保持自身平衡的一個狀態。[1]

我們是時間。我們是事件。我們是宇宙偉大歌劇中轉瞬即逝的聲音。我們的人生不僅是事件的集合，我們在空間和時間上與他人發生碰撞；我們也是事件。而我們再次被提點「無常」。

　　也許，就像瀑布一樣，我們是塑造我們的各種元素不斷變化的組合體。我們在一生中，一次又一次地被重新打造。我們可以讓這個過程在沒有我們攪擾的情況下直接發生，或者我們可以在生命中的任何時刻，主動參與我們的身體和我們的「心」的修復、回春和再創造。

　　對我來說，領悟到這一點是不可思議的，它使我每天的每一個擔憂都變得荒謬。應該不用千里迢迢到日本一座偏遠山區的瀑布下冥想，就能意識到這一點，但就我而言，這是必經之路。

　　我們陷入了關於我們認為自己是誰，和應該成為誰的想法中，我們受到我們所生活的社會和他人的意見的影響；漸漸地，當我們隨著時間而年歲增長，這些形式在我們的腦海中固定下來。但這只是想像的產物。

　　沒有任何東西是固定的。一切都在改變中。

　　所有的可能性正等著我們。

心經

　　當我們所有的學員都擦乾身體後，我們繼續沿著祕徑前往湯殿山神社。我們起誓要保持靜默，意味我們可以將這段體驗內化，並再次反芻，不會因為其他人的說法而稀釋或扭曲。我發現我的思緒開始飄向我的孩子們出生的時刻，可能是被那可怕的水聲引導的，那聲音仍在我的耳邊縈繞。

　　我的第一個孩子出生時正逢一場劇烈的冬季風暴。十八個月後，我的第二個孩子來到，當時我正步入中年，經歷了一次崩潰，後來開始寫書。

　　當我站在通道門的邊緣，迎接新生命來到這個世界時，宇宙的全部力量流經了我的血管。我產出第一本書時，也有類似的經驗。今年，我再次走近通道門，將母親透過這通道門送回去。每一次的情境中，破壞和創造都同時存在。之前和之後的世界。我對那個世界之前和之後的看法。之前和之後的日常生活。但直到我母親去世之前，我從來沒有給自己任何真正的寬限期，有足夠的時間來恰當地適應我所身處的這個新的世界形勢，並好好吸收剛剛發生的事情的嚴重性。因為要做的事情實在太多了。

當我爬上湯殿山神社，依次回想起生命中的每一個巨大的斷裂，伊達政宗的絕命詩浮現在我的腦海中：「心中明月當空無絲雲，照盡浮屠世間黑暗」[2] 也許這就是我們如何經歷人生過渡期的最好方式，比如中年，我們知道會有黑暗，因為有悲傷 ── 倘若只是因為意識到沒有任何東西是永恆的 ── 但是我們總是被「心」中那明亮的月光引導。

直到我思考這個問題的當下，我才與《心經》建立了聯繫，這是我們每天在出羽三山的每座聖山上都念誦過無數遍的，也是秋天時永平寺的僧侶們在晨禱時念誦的。《尋找心經》（*Finding the Heart Sutra*）的作者亞力克斯・科爾（Alex Kerr）說，《心經》「教導我們，最終，除了我們自己之外，沒有任何東西可以讓我們抓住不放。這個覺悟，雖然聽起來相當淒涼，但也可以成為力量的來源。」[3] 這是在這個難以預測的世界裡，仰賴你自己的「心」，尋找指引和安定的原則。

在出生和死亡的轉捩點上，我的情緒最為激動，這並非巧合。「心」是一個敏感的空間，而當我們的邊緣被創造和毀滅的元素力量燒毀時，就沒

有圍欄了。它能感受一切。

這不僅發生在肉體出生或死亡的時候。它也發生在我們一生當中可能經歷的任何軌道改變事件發生的時刻，這包括一個前與後。身為人類，我們這一生有很多重生的機會。每一次重生，我們都會重新看見我們正在成為什麼樣的人的廣闊性，這種廣闊性是必要的，才能包容我們曾經身為的每一個人、我們所愛過的每一個人、每一個愛過我們的人，以及我們尚未成為的每一個人的所有潛力。

無所畏懼地活著

《心經》最著名的一句話是：「色即是空、空即是色」。翻譯起來是：「外在形式是空的，空是外在形式。」[4] 有時候，「無邊際」這個詞會被用來代替「空」。如果我們作為人的形態，確實是無邊無際的，那麼正如《心經》繼續告訴我們的，「無罣礙故，無有恐怖」，沒有阻礙，就沒有恐懼。[5]

但事情是這樣的。對我來說，中年一直被恐懼、自我懷疑和焦慮所困擾。你可以在我帶來羽黑山的所有問題中，聽見它們的回聲：

- 我如何知道我過的人生是否是對的？（解讀：我怕我過的人生是錯的。）
- 我可以如何更有效率地運用我的時間？（解讀：我怕我的效率不夠，而且把時間花在錯誤的事情上。）
- 我該怎麼處理金錢？我應該賺更多的錢嗎？我該少關心錢的事嗎？（解讀：我怕我的錢不夠，但更重要的是，我怕錢不夠意味我不夠好。）
- 我怎樣才能平衡做有意義的工作的驅力，和家庭的需要？（解讀：我怕事實是這兩件事是互不相容的。）
- 如果我現在不做這件事，幾年後我會後悔什麼事？（解讀：我怕我錯過了某些事情，而不知道那是什麼，這使得事情變得更糟。）
- 倘若我做了一個選擇，結果那個選擇是錯的，該怎麼辦？（解讀：我很害怕，我選擇什麼都不做，但我也害怕我會後悔這個選擇。）

這個祕密被保守得如此之好，甚至連我自己也

不知道，直到我因為母親的過世而受到嚴重的打擊。在那之前，我總是說她是個很愛擔心的人。不是我，哦，不會是我。我超積極正向的。我不會反覆考慮，我很果斷，我做事明快。但現在我發現，「做事明快」並不代表你不害怕，它只是意味著你是一個用行動來掩飾恐懼的專家。

在湯殿山的體驗後不久，我回到京都，為下一個階段的旅行做準備。一天早上，我起得很早，前往南禪寺，[6] 這是位於東山山腳下一座美麗的寺廟。我在剛於美國出版的《無懼的作家之道》（*The Way of the Fearless Writer*）一書中寫過南禪寺的故事；我想要在遊客到來之前，在被稱為「三門」的巨大門前拍一張照片。三門的前面有一段頗寬的石階，通往三個長方形的門口，門外是樹木掩蔭的寺廟場地。三門的意思是「三個門」，指佛教的三解脫門：空、無作、無相。在寫那本書時，我發現這三個「門」對於成為一個無所畏懼的作家至關重要。

我翻到書上關於南禪寺的部分，發現我寫的是這樣的：

無所畏懼的寫作之路其實是一條沒有路徑

的路，有如步步蓮花開，導引我們不是從
這裡到那裡，而是從這裡到這裡。這是一
條覺醒之路。身為無所畏懼的作家，我們
的工作就是一遍又一遍地穿過這三扇門，
每次我們都會進入我們神聖的寫作空間。
擺脫我們固定的身分。放下我們對控制的
慾望和需要。尊重我們無形的創造潛能。
感知一切事物的相互連結，並練習。總是
練習，用文字表達人類的處境，和這種奇
怪而美麗的存在體驗。

這些門沒有門扇。它們是象徵性的。沒有
什麼能阻止我們穿越。每次我們選擇寫作
時，當我們每一次跨越世俗與神聖之間的
門檻時，我們只需要繼續表現出勇氣、謙
卑和優雅，永遠不那麼確定知道接下來會
發生什麼。[7]

　　讀完時我全身打了一個冷顫。我花了好幾個月
的時間寫那份初稿，寫了又重寫，編輯後再讀。我
甚至自己錄製了有聲書。然而直到在南禪寺的那一
刻，我才完全意識到我所寫的不僅僅是關於寫作。
人生也是如此。

讓「心」被看見

我是一個無所畏懼的作家。我並不總是能這麼說，但在中年時期寫過一本又一本的書，深受東方哲學的影響，教會了我如何成為這樣的人。我學會不要去傾聽我的「心」，彷彿它和我是分離的；而是從「心」傾聽。我花了五年時間，寫了五本書，才明白如何成為一個無所畏懼的作家，但在這段時間裡，我卻沒有發覺，成為一個無所畏懼的人，也需要同樣的東西。但我現在明白了。

我的中年不適之所以出現，是因為我一直專注在自己的慾望。我對自己想要的人生，有一個定型的願景；當它看起來並不完全那樣時，我便感到沮喪。我有那種大膽、具體且有時限的目標，是我們經常被告知，如果我們要取得任何有用的成果，就需要有這樣的目標。有時，我會達成一個目標，但不好大聲張揚。有時，我沒有達成某個目標，感覺很不好。其他時候，我按時完成任務了，但與我真正重視的事情並不相符，例如我重視與我的小家庭在一起的時光。

由於我對外在形式的痴迷，這情況更嚴重。根據我的情況和我在瀏覽社群媒體時看到的內容，我

對我現在的生活應該是什麼樣子，會有一種特定的想法。這是一個很滑的坡，一切很難停止，一切都不能滿足。我對此非常熟悉，我寫了一整本書來描述我們是多麼的不完美，[8] 所以你可能以為我會比較懂，但我們的習慣是根深蒂固的。

最後，我的中年不適暴露了一個尷尬的事實：我受制於每個人都是分開獨立的想法。我將大多數的人視為評論者、批評者和競爭者。因此，我很少尋求幫助，也很少分享我所遇到的困難。

當母親面對死亡時，我陪伴在她身邊，在悲傷的道路上一路走到月山的山頂，改變了我的一切。這段過程揭露了我自己的模式，向我示現：為了全然活出生命，讓這些想法也死去，對我來說是多麼重要。我希望有另一種成就這件事的方法，不會有這場斷裂造成的嚴重強度和破壞，但這就是我現在的情況。

對寫作有用的東西，對人生也有用，這是完全合理的，因為寫作只是一種接通我們最深層智慧的方式，捕捉我們對事物最內在本質的感知，並向世界貢獻我們自然的創造性反應。寫作，就像任何其他創造性行動一樣，是「心」的一種工具。

正是透過我們的創造性行動，

「心」才變得可見。

到了中年，「心」拒絕繼續保持沉默。這無疑
就是為什麼我們當中的許多人在這個時候，迫切地
渴望做一些創造性的事。這種「創造性的事」有很
多方面——從藝術、寫作和音樂等嘗試，到房屋裝
修、創業、有意識地教養育孩子，或創新我們的生
活方式。這是「心」尋找新工具，傳達我們的渴望
和最深的智慧，以及回應世界之美的方式。

吉野源三郎在他的暢銷書《你想活出怎樣的人
生？》中寫道：「第一步，也是最基本的一步，就
是從你生命中那些真實感受的時刻開始，當你的心
真正被感動的時候，並思考這些時刻的意義。你感
受最深、發自內心深處的東西，永遠不會絲毫欺騙
你⋯⋯這是最重要的，現在和永遠都是。」[9]

是面對的時候了

有一個著名的禪宗公案問道：「那個是明上座本
來面目？」[10] 這是一個在大人和社會介入之前，以

及在你人生的整個複雜故事開始之前，讓你思考真實的你的一個挑戰。

我們出生時，身上沒有標籤。如果你曾經看過新生嬰兒熟睡，或他們凝視父母或祖父母的眼睛，你就會知道，他們是由愛和光組成的。這就是社會開始塑造你之前的一切。重生就是回歸。

我們在這裡談論的，是人類最危險的挑戰：回歸我們真正的樣子，也就是我們變得害怕之前的樣子。

這樣的回歸，並不是指回到我們過去的某個版本。我們在這裡的線性時間之外運作，現在依著靈魂的智慧活著。這樣活出的人生，像是一種表達或禱告，是從「心」回應每一個升起的時刻。

這不是一件容易的事。這對社會來說並不容易，對於那些對自己的執念感到滿意的人來說，也不容易。這會有阻力，人們會在我們的道路上設置障礙。但這是很重要的。而且我們必須從今天開始。

我們沒有永遠。

時間很重要。

對我來說，問題不再是：當我走到生命的盡頭時，我會覺得怎樣。問題已經變成：當我每一天結束時，我會覺得怎樣。

　　我將不再崇拜欲望、外在形式和分別獨立的殿堂。這是我的誓言：從現在開始，我將全心全意地致力於尊榮渴望、臨在和連結，過一種有創造性的、緩慢的、簡單的生活，接通世界的節奏。

　　話音剛落，我就想起二十多年前，我獨自一人坐在東京小公寓的廚房裡，翻著一本新雜誌，夢想用不到我全年的薪資，在日本鄉下買一間老房子。這種渴望一直存在。為什麼我花了半輩子的時間，才真正開始關注它？

　　如今我處於不同的人生階段，不同的境遇，所以這種渴望的實現可能不再像是日本鄉下的老房子，但我拒絕忽視我潛在想要追求更慢、更簡單的人生的衝動。現在是時候了。

　　收拾好你的東西，我的朋友，我們又要上路了。

「心」的工作：回歸

* 最近幾年、幾個月和幾個星期，你感受到了哪些創意衝動？你的皮膚下蘊藏著什麼詩？你的血管裡流著什麼樣的飢餓感？什麼樣安靜的夢想和夢想的安靜，從混亂和喧囂中呼喚你？

* 無欲、無形和空的概念，如何幫助你釋放對任何形式之創意表達的恐懼？

* 你的誓言是什麼？從現在開始，你會全心投入做什麼？這是一個新的夢想，還是你已經懷抱著這個夢想一段時間了？

KOKORO WISDOM —— 心的智慧

**一個不虛度的人生，
是一個被全然表現出來的人生。**

是「心」讓我們有人性，而在我們的內在智慧與創意的表現中，我們得以與其他人分享人性——包括當中的美與混亂——把我們加入萬物之網，並且提醒彼此，我們並不孤單。

1. Rovelli, Carlo, (trans. Segre, Erica, and Carnell, Simon), The Order of Time (London: Penguin, 2018), p.87.

2. 原詩見於「和歌の世界」，http://575.jpn.org/ article/174793884. html。作者翻譯，二○二三年九月六日查閱。

3. Kerr, Alex, Finding the Heart Sutra: Guided by a Magician, an Art Collector and Buddhist Sages from Tibet to Japan (London: Allen Lane, 2020), p.41.

4. Nhat Hanh, Thich, Awakening of the Heart: Essential Buddhist sutras and commentaries (Berkeley: Parallax, 2012), p.411.

5. 同前注。

6. 詳見 nanzenji.or.jp。

7. Kempton, Beth, The Way of the Fearless Writer: Ancient Eastern wisdom for a flourishing writing life (London: Piatkus, 2022), p.221.

8. 編注：《侘寂：追求不完美的日式生活美學》（ Wabi Sabi: Japanese wisdom for a perfectly imperfect life ），貝絲・坎普頓，游淑峰譯，時報出版，二○二○。

9. 編注：《你想活出怎樣的人生？》（たちはどう生きるか），吉野源三郎，陳昭蓉譯，先覺出版，二○一八。

10. 這段故事來自《禪宗公案》（無門關）第二十三則。英文翻譯可參見：Nyogen Senzaki and Paul Reps, https://en.wikisource.org/wiki/The_Gateless_Gate/ Do_Not_Think_Good,_Do_Not_Think_Not-Good，祖云：「不思善，不思惡，正與麼時，那個是明上座本來面目？」，二○二三年九月二十日查閱。

第十章

滋養

—— 善進，善出 ——

「我是小畑，」這位女子跑來自我介紹時，嘴巴笑開得有南瓜這麼大。「這是我會的全部英文，」她用當地濃重的口音補充道，然後爆出笑聲。小畑女士的名字寫成「小」和「畑」，意思是「小的」和「旱地」的意思，她拿出一株迷迭香幼苗和一把小鏟子。「妳想幫忙嗎？」其實，在那一刻，我什麼都不想做。那是一天近中午時在富士屋農場（Fujiya Farm），這是松永六感藤屋的一個菜園，[1] 馬路對面的旅館就是我過夜的地方。「六感」的意思是「六種感官」，這間旅館如此命名是為了體現其超越視覺、聽覺、嗅覺、味覺和觸覺五種身體感官的哲學，更進一步觸摸在靜止中發現的世界的感覺。

在福井鄉下，我們被森林蓊鬱的小山包圍，這裡是野生猴子的國度，整個家族的猴子都在山坡上遊蕩。小畑女士和她一位與我同齡的紳士同事板持先生是工作的好伙伴，整個早上我們的手上都沾著泥土，衣領頂著風，一起栽種香草和三色菫，照料溫室作物。我們採摘比指甲還小的小黃瓜、比雞蛋大一點的蘿蔔，還有用來泡香草茶的葉子，搭配脆脆的迷迭香餅乾，一邊聽著潺潺的河水聲。一隻大蟋蟀加入了我們。「大自然就像一鍋好湯的湯

汁，」板持先生說：「這是讓其他一切變得更好的基礎。」

在我們喝茶休息時間，小畑女士聊到一個淘氣的孫子，而板持先生則談到他幾年前辭去工程師的工作，搬到這個地區的過程。他想要一種輕鬆的生活，有喘息的空間，讓他可以更接近大自然，有更多的時間與人相處。這是我這趟旅行的許多談話中，一個共同主題。

慢活

慢活一向是日本好幾世代人的生活方式，他們依著收成周期設定節奏，留意季節的變換，重視努力工作和休息。但在過去的一百五十年，自一八六八年明治維新開啟了政治和經濟的新時代以來，幸福與經濟成長相關觀念的傳入，改變了許多人在這方面的想法。

如今，日本的消費文化和其他地方一樣猖獗，媒體飽和、始終在線上和忙碌的生活方式，也都成為趨勢。快速的基礎設施發展，破壞了日本許多地區的自然環境。數據顯示，日本工作場所的壓力程

度很高。[2] 農村地區有數以百萬計的房屋空置，[3] 日本一半以上的城市都被指為全部或部分人口不足。[4] 但目前也有一種趨勢，有不少三、四十歲的人，尤其是家庭成員年輕的人們，他們開始移居到較農村的地區，而全國各地的地方政府也努力鼓勵這個作法。[5] 很多城市提供住屋補貼，透過「空屋銀行系統」（空置房屋清單）查詢住屋，並投入預算，為想要付諸實際行動前，先體驗鄉村生活的人們，提供相關的活動和行程。

身為一個長期以來一直懷有在日本鄉村購買一棟老屋的祕密夢想的人，我參加了一趟這種京都鄉村之旅。[6] 同行的小巴上，坐滿了一群和我有同樣憧憬的人，他們想要將「心的富足」置於金融財富之上，透過選擇一種更慢、更簡單的生活方式，讓自己感覺是社區的一部分，更貼近土地和他們所吃的食物。這趟旅行的目的，是要讓參加者真實了解綾部[7] 這個地方，以及其周邊鄉村的生活。我們一群人被帶到幾個當地商家，並見到從大城市搬來，找到新工作，或為自己創造多種收入來源的人。其中許多是女性，她們的故事讓我留下了特別的印象。

從大阪搬到上林鄉村地區的柏原女士將她的旅

館命名為「源」（Origin）[8]，這樣她就永遠不會忘記自己到底是誰，以及為什麼搬到鄉村。她形容自己住的地方是「一個非常不方便的地方，沒有 7-11，也沒有紅綠燈，但這裡的環境讓你每一天都能感覺到你的人生」。柏原女士還經營一家兼職麵包店，這樣她就可以在自己想要的時候工作，並在家裡陪伴年幼的女兒。她告訴我：「之前，我是被公司的潮流沖著走的，但現在我自己划船，按著自己的步調前進。有時候，要自己做出所有的決定很困難，但這當中有一種自由。當你少了持續的外在干擾時，它會使你變得更有創造力。在城裡，什麼都得花錢。但現在會像是，『我們去竹林散步好嗎？』不用一直花錢，感覺好多了。我們有時間一起做東西、爬樹、在石頭下面找青蛙。不過，清積雪很辛苦。」她笑著說。

宮園女士經營一家有機純素咖啡館 Koku[9]，並成立了一家女性農民的有機合作社，她將一把米粒倒在我手裡，問我：「妳能感受到這些米的能量嗎？當妳吃它的時候，它就會變成你的能量。我們食物中的生命和能量，與我們身體中的生命和能量是連結在一起的。」

渡邊女士是一位九十六歲的女士，笑容可掬，

她分享她如何努力讓她居住的小村子保持活力。她是這裡僅存的三位居民之一，其他兩位，一位是和她同樣九十多歲的姊姊，另一位是她的兒子。他們的小村子位於大山深處，周圍的森林裡長滿了七葉樹，這些樹提供了當地美食「栃餅」（一種軟米糕）所需的栗子，他們手作這些糕點，並在當地的溫泉販售。當這個家不再有足夠的活動力能自己爬樹採栗子時，他們看到了一個新的機會，既能讓其他人參與維持村子的永續，同時也能維繫傳統。他們的作法是，每年邀請附近或遠地的小學生和成年志工來幫忙收集栗子，並學習如何製作栃餅。渡邊女士一邊向我示範如何剝栗子和碾米，一邊告訴我過去的故事，說她以前每天必須步行五個小時，穿過熊的國度去上學。我認為我們有時會忘記，或者根本不知道，我們的許多長輩曾經走過多麼艱難的生活，我們能適時得到提醒是很好的。在她用布滿皺紋的雙手熟練地捏塑的每一塊栃餅裡，我都能感覺到渡邊女士盡其所能與他人分享經驗、手藝和知識的決心。

還有青井女士（Aoi-san），她在一個舊棚屋裡掛滿了一大束一大束的乾燥香草和乾燥花，然後賣給餐廳；當她不在當地的溫泉工作時，她會在家裡

的養牛場幫忙。她的日子很充實，但並不致疲累。

　　青井女士的先生告訴我，他對鄉村的嚮往是在將近二十年的都市生活之後出現的，當時他意識到，對他來說，這不是「田舍に住みたい」（inaka ni sumitai），更具體地說是「田舍に暮らしたい」（inaka ni kurashitai）。這兩個句子都翻譯為「我想住在鄉村」，但「暮らし」更根深蒂固[10]。它有一種真正生活在某個地方的感覺，臨在其中，並在那裡建立生活，而不僅僅是你工作和睡覺的地方，而那就是他對都市的感受。節奏不一樣了，在這裡雖然忙碌，但是沒有壓力，他笑著告訴我：「你真的想睡的話就可以睡，但睡太久會被草吃掉。」

　　當然，對某些人來說，大城市的生活比較適合他們。然而，在綾部周圍的村子，以及日本農村的許多其他地方遇到的所有人之中，我留意到的是一種輕鬆和滿足的感覺，這不僅僅是鄉村環境的產物。他們紮根的生活，以社區的形式為他們提供支持。他們有意識地選擇少做一些事情，以便他們可以更專注於對他們而言重要的一、兩件事。他們似乎都敏銳地留意他們的環境、季節，他們正在烹飪、食用和提供的食物，以及他們對與自己關心的人相處時間的價值。和他們在一起

有一種喜悅。

　　除了對緩慢而自然的生活的追求之外，這些人還有一些共同點，在日本被稱為「半農半X」，意思是「一半務農，一半X」，X指的是「其他的事」。這個術語是由農民、作家和鄉村生活方式先驅塩見直紀在一九九〇年代中期創造的，此後一直越來越受歡迎。

　　「這不是關於成為農夫，」塩見先生告訴我：「這是關於建立一種永續的生活方式，當中包括一些種植的工作──可能是耕種稻田，也可能是在你家公寓的窗台上種些番茄──並且是用你特定的天賦和技能來完成這些工作。照料某樣東西對我們人類來說是有好處的。它可以成為陶冶你自己的人生的重要部分。而且你不必永遠做同樣的事情。做有興趣的事情，只要是有趣的，然後再融入其他的事情。試著找到你生命的主題，然後探索它的不同表達方式。關鍵部分是『組み合わせ』（kumiawase），對你獨一無二的『組合』。」

　　我現在可以看出來，從道元、大愚良寬到松尾芭蕉，到麗莎和我的母親，以及這些現代日本的慢活愛好者，我在這次旅行所有受到的影響，都以不同的方式告訴我同樣的事情：

慢下來，如此你才能體驗
更多每一件重要的事。

內在舒暢的人生

與這些如此認真覺察生活的人們在一起，讓我思考我們攝取的所有東西，那也是我們的身體必須消化的東西。老實說，自從我母親生病以來，我一直在思考這個問題。她的腫瘤始於食道與胃的交界處，這讓我更注意自己吃了什麼、喝了什麼，也更注意身體在處理我們吃進的所有東西時，必須做的工作。當然，這也不只與食物有關。我們的身體和思想必須應對所有的刺激，包括來自螢幕和媒體、噪音、我們呼吸的空氣，還有人與地方的能量。

想到這裡，我想起了最近和我的朋友馬淵聖子（Seiko Mabuchi）的一次對話。幾年前，聖子和我一起攻讀口譯和筆譯碩士學位。我們聊天時總是偏離很多話題，而那一次我們最後談論的是做決定。我請她解釋一下她是如何做出決定的。

聖子想了想，說：「我們從感官接收各式各樣的信息進入我們的大腦，就像我們從外界接收其他刺激，例如新聞和觀點一樣，對嗎？其中一些訊息

被『心』當成感覺接受了，」她一邊說，一邊拍拍她的胸口，「這是告訴我們當下的即時反應。根據實際情況，感受到的訊息也可能以情緒的形式儲存在那裡，這可以在未來告訴我們對世界的反應。當然，我們也可以直接感覺，完全繞過大腦的思考。」

聖子繼續說道：「經過一段時間，一些被心的空間接受的信息，會以對未來的決定的形式落入『はら』（hara）中。『はら』就是肚子，或下腹部區域，在許多東方傳統裡，這裡被認為是穩定和安定的源頭，據說是個人可以接通到宇宙共振的地方。那裡有一種智能，可能類似於英語中的『gut feeling』（直覺），字面上的意思是『腸的感覺』，儘管『腹』與生理器官『腸』還是不同。」

「頭部、心和腹部跟著來自外在世界的訊息一起工作，透過個人經驗、儲存的情緒和內在智慧的篩子，消化和過濾它們。」

她補充道，「在日語中，我們也有『腑に落ちる』（fu ni ochiru）[11]這個表達方式，」這也是星野大師在我採訪他時多次使用過的一個短句。「這意味著『（我等著，然後答案會）落入我的腸子』。這種方法的基礎，是挪出時間，並相信

身體的智慧。」她的話感覺是很重要的，我對自己覆述著。

　　花點時間，並相信身體的智慧。

　　這與我一直想辦法解決中年不適的方式截然不同，我在許多問題上兜圈子，而當我無法用邏輯的方式找出答案時，便覺得相當沮喪。後來我與其他幾位日本朋友分享了聖子的想法，他們都很同意：「沒錯，這就好像訊息和刺激被從上到下消化一樣。」我們的大腦、心和腹部用不同的方式感覺，而我們的健康和精神狀態會受到這三者的影響。」我們吃進的每一樣東西都會進到我們身體深處，影響我們每一部分的運作，包括我們做出的，關於如何生活的決定。

　　想到這一點，讓我感到不寒而慄的是，我多麼常坐在書桌前，一邊匆匆忙忙吃一塊三明治，一邊瀏覽新聞網站，同時想著我的待辦事項清單。這些思考也讓我想更了解食物，以此為起點，希望食物能更滋養自己和家人。幸運的是，我知道一個好的起點。

食物作為儀式和奉獻

「這一切都與高湯有關。」野村主廚一邊說，一邊給我看了一張北海道地圖，並指出了不同種類昆布（海帶）的最佳來源，昆布是日本高湯裡最重要的元素。

位在東京六本木的「宗胡」餐廳[12]老闆野村大輔慷慨地讓我參觀了他的廚房，教我他的烹飪風格的基礎知識，他的烹飪風格，靈感來自於道元禪師。作為東京植物性料理廚師的翹楚之一，野村採用八百多年前制定的原則製作食物，並為這些食物帶入現代風格。野村主廚出生於專門經營「精進料理」的餐廳家庭；「精進料理」指的是「虔誠的料理」，或者用「虔誠的承諾」製作的食物，供應給日本各地的許多寺廟。他在家族餐廳「醍醐」發展自己的職業生涯，成為第三代的行政主廚，並獲得了兩顆米其林星。他開「宗胡」餐廳的目的，是提供超越技術或口味的菜餚，並與客人分享對生活和食物的感激之情。

野村主廚經常造訪永平寺，回到形塑他自己禪宗原則哲學的根源。「道元留下了一部名為〈典座教訓〉（《禪宗廚師指南》）的文本，這與他為坐

禪冥想提供的指南一樣永恆。」他告訴我。

　　當我們切菜、攪拌湯的時候，野村主廚概述了道元的料理關鍵原則，其中許多原則也與我們的生活方式有著驚人的相關性：「我們做料理時，需要三種心。喜心，喜悅之心，提醒我們料理和招待的樂趣。這是一種對眼前的感謝，在料理的機會中找到快樂，不用太擔心結果。快樂第一。其次是老心，我稱之為真誠的心。老字的意思是年老，所以我們可以把它想像成父母的心，無論餐桌上是誰，都要照顧好我們的客人，並用真誠做好我們正在做的事。第三，我們有大心，即偉大或寬宏的心，它不強行自己的偏好。廚師用他們手邊現有的食材料理。」

　　他查看了一下湯，然後繼續說：「我們準備食物的時候也需要小心。道元說，我們應該確保一切都是乾淨的，並且正確、小心地完成工作。事實上，他說我們應該像照顧我們自己的眼睛一樣，小心謹慎地處理這些食材。」

　　野村主廚接著講解了精進料理的五種基本烹飪方法（生、煮、蒸、烤、炸）、五種顏色（紅、綠、黃、白、黑）和五種味道（鹹、甜、酸、苦、辣），廚師們總是試著將這些元素融入每一道菜餚

中。他補充說，道元實際上將第六種味道，「淡味」（tanmi），定義為精進料理中的基本味道。它很難描述，但與最近發現的「うま味」（umami）非常相似。然而「うま味」字面的意思是「鮮美的味道」——指的是海藻、蘑菇和味噌等物質中的肉味，可以增強其他的風味，而「淡味」本身不僅僅是一種獨特的風味，它是指食物的清淡感，吃得出食物新鮮、自然，不過份調味的美味。人們認為它有助於餐後的滿足感。這些準則的整體目標，是達成豐富性和平衡感。

野村主廚接著告訴我，道元還為用餐者留下了指示，鼓勵細細品味、自我節制和感恩：「我們被鼓勵與我們的食物互動，感謝有人花時間備食，想想它是如何到盤子裡，想想所有參與給我們食物的人，並表示感謝。每次用餐也是反思這一天，以及反思我們的精神狀態的機會，然後，當我們進食的時候，我們應該慢慢吃，享受食物是如何成為讓我們的身體恢復活力的良藥。」

我再一次驚訝地發現，如此久遠以前的一位禪師的思想，在今天仍然如此重要，畢竟他生活在與我們完全不同的時代，接觸到的科學和其他資訊比現代要少得多。用營養的食材精心準備的食物，用

愛獻上，並懷著感恩的心食用，可以幫助我們恢復
青春，恢復活力。每一餐都是讓美好進入身體的機
會，讓我們有能量將美好回饋出去。

「心」的表達作為獻禮

　　我吃過的一些最精緻的食物，是在新潟深山裡
的「里山十帖」[13]。一位朋友向我推薦了這個地方，
當我到的時候，才知道這家「早苗饗」餐廳被評為
世界上最好的鄉村餐廳之一。

　　讓我告訴你它的味道⋯⋯首先是香魚（河魚）
稍微和馬鈴薯與地瓜片油煎，擺盤在來自花園的大
葉子上。然後是生的煙燻鮪魚，配上甜菜根沙拉、
煮菊花和紅椒泡沫，接下來是味噌湯。

　　下一道菜是牛肉、蔥、花生和蘿蔔，讓我意識
到筷子如何限制你一次能吃多少，讓你能真正的享
受這些味道。筷架由捆紮的稻草做成，與外面的雪
室的材料相同，雪室是新潟地區一種傳統保存食物
的技巧──雪室熟成技術，有兩百年的歷史。

　　然後是花椰菜和章魚，接著是更多的魚和菠
菜，之後是雞肉與姬菇火鍋，還有摻著特意煮焦

的鍋粑的米飯。甜點是奶凍，配上焦糖大豆、新鮮柿子和煎茶。飯後，主廚桑木野惠子帶著一壺清澈的薄荷茶過來，向我詳細介紹食物和她的哲學。原來這間餐廳名稱的靈感，來自於很久以前新潟每年稻米種植和收成周期所伴隨的儀式盛宴，高季節性的菜單是根據農民和採摘者能採收的食物設計的。桑木主廚原本是一位美學家，在成為廚師之前，學習了阿育吠陀和瑜伽。她說：「改變我所做的事，並沒有改變我是誰。不一樣的只是表達的形式。我的熱情所在依然是為人們帶來健康、美麗和幸福。」在「早苗饗」，桑木主廚的心，被獻在美麗的木盤上。

在我與其他人的對話中，有一個「心」的元素反覆出現，即「心」與「思いやり」（omoiyari，意為關懷、體諒）的連結。這可以透過多種方式體現，從心思細膩到慷慨，從熱情好客到利他主義。這是一種照顧他人的意識，這在日本的許多互動中很明顯。

那天夜裡稍晚時，我在星空下的露天風呂待了一個小時。我凝視著遠方的群山，雖然被夜色掩蓋，但在我的想像中清晰可見，我想著家，創造一種「ゆとりのある生活」（yutori no aru seikatsu）[14]，一種

有喘息空間的生活，一切都像在里山十帖一樣，受到關心和照顧。

心的洗衣店

當我想到喘息空間時，也讓我想到人群對我的壓力有多大，以及關注這樣的小事——而且要盡可能避開人群——可以對我任何一天的感受，產生巨大的影響。我記得在京都問過一位計程車司機，當人群極為擁擠時，他會去哪裡？「蓮華寺，」他說：「寺廟通常很安靜，我的心在那裡會很平靜。」

在著名的清水寺外遇到一大群遊客，令我特別緊張，我便放棄了參觀這座寺廟的計畫，轉而叫了一輛計程車去出町柳站。我搭乘安靜的叡山電鐵向北，在一眨眼就會錯過的三宅八幡站下車。

不知是什麼原因，我的手機地圖把我帶到了一條後街，後來我發現那條路其實是一條繞遠的路。我遇見兩名男子坐在木製陽台上，他們的腳邊是白色的傾斜小沙園，他們在陽光下隨性聊天，旁邊是一座開放式的建築物，位於住宅區的中間街道，感覺就像一間小咖啡館，但沒有櫃檯。我向他們打招

呼，並詢問那是一個什麼樣地方。

　　兩人當中較年輕的那一位解釋說，那不是一間咖啡館，而是一個聚會場所，並邀請我進去參觀一下。「人們可以租這個場地，而幸運發現這裡的陌生人，也可以花三百日圓從冰箱裡拿一杯冰鎮啤酒，然後在餐桌邊坐上一會兒。」他解釋說：「但大多時候，我們只是和家人、朋友在這裡待一陣子。」

　　這個地方有屋頂，但沒有牆壁，除了木凳和一張用單塊日本櫸木裁切出的四公尺長桌之外，幾乎沒有什麼家具。當我用手撫摸這張桌子，好好欣賞它時，我抬頭望向這個空間的盡頭，仔細看了一眼。

　　天花板上懸掛著一塊手繪木牌，上面寫著這個地方的名字「心の洗濯干し Bar」（裡面的「Bar」是用英文寫的），可以翻譯為「心的洗衣店」，或者更具體地說，是一個你可以把心好好洗滌後，把它曬掛起來的酒吧。我很驚訝，並向他們解釋了我對「心」這個字的興趣，接著問他和他的父親，為什麼選擇這個特別的名字。

　　「對我來說，『心』就是人與人之間的關係，」他說：「我們在自己周圍築起圍牆，這樣微風就無法吹過，也無法清理我們的情緒倉庫。東西會停滯

或腐爛。挪出一點時間與朋友一起放鬆、接待他們，並與他們分享寶貴的時間，可以幫助我們清理我們的『心』，這反過來又能讓我們的感情更好。」

我在那裡待了一會兒，在涼蔭下聊天，他們悠閒的聲音和附近溪流的水聲使我感到涼爽。他們與我揮別時，邀請我隨時回來，而當我走回原路時，感到出奇的清爽。我繼續前往蓮華寺，儘管我的壓力已經在「心的洗衣店」一掃而空。

計程車司機說得對。除了在入口處收錢的僧人之外，蓮華寺沒有其他人。[15]

這位僧人很友善，看起來也不忙，所以我向他詢問了關於「心」的事。他想了想，回答說：「我覺得是對世界的某種回應。就像一張紙被風吹得沙沙作響，那種動的感覺。這就是我所稱的『心』，但是也許妳應該問問其他幾位和尚。」

我坐在大榻榻米房間的邊緣，望著外面的花園。一開始，我閉上眼睛，深吸一口氣，吸進這裡的寂靜。過去的痛苦，只有當我邀請它進來時，它才會出現。未來的焦慮，只有當我邀請它進來時，它才會出現。在這寂靜的時刻，我平靜的心不做任何選擇，除了擴張它的覺知，與我四面八方的自然

相融。也許一邊傾聽風吹過的紙片沙沙聲。

睜開眼睛，我發現寂靜的寺院庭園裡，竟然有這麼多的動靜。光線在岩石上編織出圖案，微小的同心圓漂離忙碌的小魚，巨大的錦鯉在陰影中緩慢游動，還有一隻我認不得的小鳥跳躍著。蝴蝶翩翩飛舞，香煙裊裊，蜻蜓來回覓食，苔蘚生長得比我想像的慢，但一直在長著。而我的呼吸比剛到的時候更加緩慢和深沉。

我掏出手機，拍了一張池塘的照片，發現自己開始瀏覽去年的照片。有些照片裡，我看起來很符合我的年齡。有些照片看起來年輕一些。有少數幾張，我看起像九十歲了。從這個角度來看，我意識到了一些我以前從未真正注意到的事。不論我的皮膚是否有光澤，臉上是否有皺紋，是否容光煥發，與我的身體年齡關係不大。在全部這些照片裡，我的實際年齡都差不多。然而，我的臉反映了我當時的心的狀態，以及我的皮膚從內部得到滋養的程度。雖然面膜有其用處，但對我來說，最好的美容療法顯然是在我的日子裡感覺舒暢，而我感覺到，這對我來說，意味著過著更慢、更簡單的生活。

慢活的人生不是無聊的人生，

而是一個有參與的人生。

慢活的意思是，我們花時間在各方面滋養自己，並在最小的細節中找到滿足。我知道，我想要更常能感受到我在蓮華寺時的感覺，我在里山十帖和在野村主廚的廚房裡的感覺 —— 意識到自己對滋養的需要，並允許自己關注這一點，知道滋養自己，會讓我更能滋養他人。

而且我認為，要持續做到這一點的關鍵是，不要將健康推向邊緣。我也必須讓工作更有滋養。

有很長一段時間，我一直在做我認為有意義的工作，但從未真正停下來思考它對我的幸福造成的損失。是採取新方法的時候了，讓工作本身成為滋養。

「心」的工作：滋養

* 你如何更好地滋養你的身體？
* 你如何更好地滋養你與他人的關係，並從關係中得到滋養？
* 你如何更好地滋養你的心？

1. 更多訊息可參見：matsunagarokkan.com。

2. 資料來源：https://www2.deloitte.com/jp/en/pages/about-deloitte/ articles/news-releases/nr20220609.html。二〇二三年九月二十二日查閱。

3. 資料來源：https://www.japantimes.co.jp/podcast/japan-falling- population/。二〇二三年九月五日查閱。

4. 資料來源：https://www.japantimes.co.jp/news/2022/03/28/national/ social-issues/japan-tokigawa-depopulation/。二〇二三年九月五日查閱。

5. 更多訊息可參見：furusatokaiki.net/。

6. 我參加的團是由里山（guesthouse- couture.com/en/）的

負責人工忠照幸安排的。

7. 更多訊息可參見：kyoto.ayabenouhaku.com。

8. 更多訊息可參見：kyoto.ayabenouhaku.com/post/ column-en-origin。

9. 更多訊息可參見：koku-kyoto.com。

10. 譯注：暮らし，「生活」之意。

11. 譯注：腑に落ちる，意指能夠理解、領會。

12. 更多訊息可參見：sougo.tokyo。

13. 更多訊息可參見：en.satoyama-jujo.com。

14. 編注：意為從容、自在、有餘裕的生活。

15. 蓮華寺位於京都的東北，在我寫作時尚未有網站，但任何一位計程車司機都能載你到那裡。或者，你也可以去三宅八幡駅（從出町柳搭叡山電鐵），然後使用 Google 地圖步行前往。

第十一章

全心全意

—— 時間就是現在 ——

下池（Shimoike Pond）的黎明並不平靜，五千隻天鵝正準備起飛。牠們的出發似乎不是因為接受到什麼命令，只是準備好了就出發。或是一隻孤獨的天鵝，或是一對，或是一小群，牠們會拍打翅膀，低空略過整個池塘，然後扶搖升空，飛過稻田去尋找早餐。

當太陽慢慢升起，我和我的朋友太郎（Tarō）坐在長凳上喝著蘑菇茶，吃著哈蜜瓜蛋糕，我們發現，這些天鵝就像人類在嘗試新事物的時候一樣。有些衝在前面，有些則平靜地游來游去，觀察著，慢條斯理。有些似乎敬畏地看著那些起飛的天鵝，試著鼓起勇氣加入牠們，而牠們最終也都這麼做了。

從無到有

我在鶴岡採訪太郎的老闆山中大介，他是城市開發公司山形設計（Yamagata Design）[1]的執行長，這家公司擁有令人讚嘆的水田露台莊內酒店（Shōnai Hotel Suiden Terrasse）[2]，這也是我當時入住的飯店。山中先生顯然是一位強人。不久前我在全球性議題雜誌《Monocle》上看到他，短短

幾年內，他的公司改變了鶴岡周邊地區，首先是酒店和水療中心，以及兒童遊戲館（Kids Dome Sorai）[3]，這是我見過最厲害的兒童遊戲設施之一；他現在又開展了一項新的農業業務。說實話，要和他見面，讓我有點緊張，這可能是這次訪問會這麼開始的原因。

「你睡得好嗎？」我問道，這對於任何採訪來說，都是一個不尋常的第一個問題，尤其是在日本。想到他手邊正在進行的計畫如此之多，其實我本來想問他的是，他會睡覺嗎？山中先生突然大笑起來，緊張的氣氛也一掃而空。他的年紀比我輕，非常聰明，而且他的觀點非常開放，其中一些觀點對於一位日本執行長來說，是非常不傳統的（順便補充，他顯然睡得很好）。

我問他為什麼要來到山形。「我想重新開始，看看我能不能在東京以外的地方生存。從『零基礎』（他的用語）開始建立生活，看看會發生什麼事。」山中先生做出如此激進的決定時，他正在日本最大的房地產開發公司之一三井不動產的生涯階梯往上爬。「在公司工作既安全又穩定，但那個時候，公司是我的骨幹。我不知道少了我後面的公司名稱，我自己有沒有自己的骨幹？儘管當時我才

二十多歲，但隨著年齡的增長，我越來越清楚地知道，我為穩定付出的代價，其實是我自己的自由，而我明白，我的自由比穩定更重要。」他想要能自由地做決定、自由地犯錯，讓事情發生，在他想要的地方，以他想要的方式生活。

山中先生搬到了山形縣 —— 一個他從來沒去過的地方 —— 除了創新生物技術公司 Spiber 的執行長之外，他不認識這裡的任何人。他花了幾個月的時間才看出這個地區的巨大潛力，於是他很快辭職了，用僅僅十萬日元的資金，創立了山形設計公司。如今，由坂茂設計的水田露台莊內酒店每年接待超過六萬名客人，順帶一提，坂茂也是設計禪坊靖寧的獲獎建築師。從水田露台莊內酒店的月亮露台餐廳，可以看見遠處的月山。

奇怪的是，山中先生表示，儘管有巨大的機會和投資者摩拳擦掌，但他並不打算在全國各地的稻田裡興建類似的連鎖飯店。「我對這個計畫不感興趣，」他說：「我有一個想法，想知道它是否行得通，然後就嘗試看看。我並不想成為一個飯店老闆。我還有其他想嘗試的事。」

我注意到山中先生在採訪中多次使用了「面白い」（omoshiroi）這個詞，及其反義詞「面白く

ない」（omoshirokunai）。我先生最近常說，我說話時經常使用相當於「面白い」的英文單字「有趣的」（interesting）。我之前都沒注意到，但這是真的。我用它作為標記，來確認新的資訊，或我想進一步探索的東西。我也在談話時用這個字，表明我正在傾聽，並且願意聽到更多。

寫「面白い」這個日文的字符時，是用表示「臉」或「正面」的字（面）和表示「白色」，像一張空白紙的白（白い）。其實《詞源詞典》就將這兩個字分開解釋，描述為「在你眼前」和「明亮而清晰」的東西。我喜歡這個描述。為了發現我們感興趣的東西，並保持對它的興趣，我們只需要不斷關注眼前清楚明亮的事物。

「只要我有足夠的錢讓孩子受教育，提供健康和好的食物，就很足夠了，」山中先生說：「我不想把錢存起來以備將來之需。我感興趣的，是眼前有可能性的事情，在這個地方，在我生命的這個時間點，而且是在世界的這個時刻。」

「現在」是時間和空間中的這個時刻。
「現在」是這個人生階段。
「現在」是歷史上的這一點。

每一個時刻都提供了「現在」這三個層面
的全新組合，並誕生一個新的機會。

這個特殊的時刻，在此時，此地，與在我們軌
道上的人們一起，提供了一組的機會。我們所處的
特定人生階段、搭配特定的情勢，以及迄今為止我
們所累積的特定智慧和經驗，會提供一組機會。當
今世界的特殊狀態也同樣提供一組機會，可能與人
類的挑戰有關，或與新興科技的機會有關，或是直
到這個特殊時刻我們才意識到的其他東西。機會
無處不在，當你想到這些機會的配置總是在變化，
而每個機會都是在「現在」出現時，就更令人興
奮了。

山中先生的話讓我想起了幾天前剛認識的小野
寺女士，她是一位鼓舞人心的女士。

時間即是現在

小野寺女士在鶴岡擁有一間從農場到餐桌的優
質有機餐廳 Naa[4]，距離山中先生的酒店不遠。三十
年前，當時她四十歲，要照顧五個不到八歲的孩

子，還要應付巨額的債務，還被診斷罹患癌症，這把她驚醒了。她相信自己的疾病與她的壓力水平和飲食有關，她也意識到為了孩子，她必須活下去，因此開始在自家擁有的稻田一角種植蔬菜。

她的首要任務是吃得好，讓她的孩子吃得營養，第二重要的是創造自己的收入來源，這樣一來，她就不必依賴其他人。小野寺女士的蔬菜生產過程盡可能接近有機，而且她開始賣她種的菜，並在朋友的幫助下挨家挨戶送貨。消息傳開，她的生意隨著人們對有機食品的興趣日益提高而蒸蒸日上。她說這是一段充滿挑戰，也充滿快樂的時光，她喜歡孩子們和她一起在田裡工作。

她坐在她即將開業的一家新早餐店裡的一張桌子旁，向我講述她的故事，她回憶起最初的成功，是如何與她完全專注於當時需要做的事情結合起來的，在她當時的特定人生階段，以及當時世界上正在發生的事情，加上健康食物的日益風行。她環顧自己的新事業，微笑著。「現在也是一樣，」她說：「我總是起得很早，我想減少工作時間，而周圍的人都想找個地方吃一頓美味的早餐。太完美了。」她正把她的「心」的表現帶出來，帶到她此刻的人生階段，以及此刻她所在社區的發展狀態。

我們往往認為改變是一件可怕的事情，但每當世界改變時，就會出現新的機會。不斷審視我們自己的三個現在，是一件很有趣的事——在現在（今天、這個月、這一年），在這個特定的人生階段，在這個特定的歷史時刻，有什麼對我們是可能的，是有趣的？現在科技為我們帶來什麼，是以前不可能達成的？鑑於當今世界的現狀，人們想要什麼？需要什麼？還有，在我們生命中的這個特定時刻，在我們所處的特定環境中，我們希望如何度過我們的職涯人生？改變可能正在發生，但也可能是一個有趣的機會，正在我們面前明亮清晰地呈現。

非空白的空白頁

我提到了山中先生談到他如何從「零基礎」，一張白紙開始。我從自己的工作經驗中知道，對於希望在人生中做出重大改變的人來說，想到從頭開始這一點是最可怕的事之一，但實情是這樣的……雖然我們在上面描繪新夢想的平面紙張，在我們正面看它時也許是空白的，但如果我們把它翻到另一面，我們會發現它其實是由我們所有的經驗、所有

的成功經驗、所有從錯誤中的學習、所有我們累積的技術、我們擁有的所有資源與人脈，以及所有我們在筆記本裡所寫下的想法所支持的，更別說還有每一位先行者留下的教訓。我們在白紙上勾畫出我們的想望可能會是什麼樣子？會如何呈現？而上述的一切都儲存在空白紙頁背後的空間裡。我們可以隨時穿過頁面，進入那個空間，從那裡汲取訊息，或者我們可以翻到空白那一面，讓我們的想像盡情發揮。

在鈴木俊隆的經典《禪者的初心》的開頭，扉頁上有粗黑筆畫的大字：初心。這個詞的意思是「初學者的心」。也可以說是「初心」。[5] 這是充滿可能性的熱情初學者的「心」。

擁有一顆初學者的心，

就是願意一次又一次重生，

打開雙眼，對世界充滿好奇。

每時每刻，每一天，每一個新的計畫和每一個新的機會，都邀請我們以初學者的心來對待它，因為我們知道我們立足於之前的一切——我們所有的經驗、資源、連結、從錯誤中吸取的教訓，以及所

有其他的。沒有任何東西是浪費的。一切都會通往
某個地方，即使我們還不知道是哪裡。

「都可以」的如釋重負

　　我向山中先生詢問他是如何做決定的。「生活
中有很多我們可以做的事，你如何決定你應該做哪
幾件事？」他分享了三個指導他的詞：「好き」
（suki，喜歡）、「嫌い」（kirai，不喜歡）和
「面倒臭い」（mendō kusai）。輪到我笑了。「面
倒臭い」的意思是「太累人」。

　　「說真的，」他說：「這不是關於品味的好
壞，而是感覺的好壞。如果我不喜歡某一件事，我
就不會繼續做下去。如果某件事感覺很好 —— 如
果我喜歡它 —— 我就會多做一點。如果我不再喜
歡它，我就會停下來，去做其他的事。而如果它是
『面倒臭い』，如果它太累人，我也不會去做。我
會讓自己輕鬆。」他說這句話時，聽起來如此顯而
見，而且是一個深刻的啟示。

　　「哦，還有一個，」他說：「どうでもいい」
（Dō demo ī）。我沒想到他會說這句。「どうで

もいい」的意思是「都可以」，或「我不真的在意」。「別誤會我的意思，」他很快補充說：「我在自己願意投入的專案上盡全力，但多年來，當我犯了錯誤或擔心某件事時，我浪費了太多時間在腦子裡一遍又一遍地左思右想，而我最後明白，終究沒有任何一件事有這麼重要。這樣想可以免去很多的壓力。盡力而為，然後當它這樣就夠好了。」

與山中先生交談，就像在炎熱的天氣裡喝下一大杯的沁涼飲料。我很好奇他是個什麼樣的老闆。他告訴我：「剛開始時，山形設計是一家使命導向的公司，完全投入建設這個地區成為一個生活和工作的好地方。必須如此。這是為我們想做的事情獲得足夠支持的唯一方法。完成這樣的工作，需要巨大的團隊努力。但多年來，我意識到，如果你太專注於使命，使命其實可能成為使你陷入你個人不感興趣的計畫的原因之一，對我來說，這不是永續的作法。所以現在我們是一家優先考慮員工幸福的公司。只要我和在這裡工作的每個人都熱愛自己的工作，我就會一直擔任老闆。當這種情況停止時，我就該離開，去做點別的事情了。」

在神聖的出羽三山山腳下，我認識許多位激勵人心的人們，小野寺女士和山中先生是其中的兩

位，他們懷抱目的地過他們的人生，努力配合生活在一個社區裡被期待的方式，但不是我們一般人會與日本聯想在一起的既定生涯道路。在每一個案例裡，很明顯，沒有人是獨自開闢自己的道路，他們周圍的人都對他們能力所及的事，造就了巨大的影響。

重要的不僅是擁有支持網絡，

而是擁有正確的支持網絡。

這會改變一切。

採訪結束時，山中先生回想道：「我想好好地死去。」他的意思是，他想榨乾生命中的所有汁液，然後在準備好時離開。這是他想要過一個不虛度的人生的另一種說法，但他使用「死」這個動詞，巧妙地改變了焦點。他希望死的時候沒有遺憾，不要把自己的生命浪費在他不喜歡的事情，或是那些太費力的事情。這是大家都同意的，對我們所有人來說，也都是一種啟發。

「心」的工作：全心全意

- 現在有哪些機會出現在你的面前？在這個特定的時期、人生階段和歷史時刻，什麼是可能的？

- 你願意全心全意地努力、專注什麼事？是什麼阻止了你？為了實現這一個目標，你可以採取什麼步驟？

- 你目前所做的哪些事情是太費力的？你可以用怎樣不同的方式做事，讓自己更輕鬆？

KOKORO WISDOM —— 心的智慧

**一個不虛度的人生，
是一條由感覺正確的事鋪成的開展路徑。**

「心」的語言會透過我們身體感受到的能量衝動而說出來。我們可以感覺到某件事對或不對，感覺好或感覺不好。當我們以這種方式過我們的人生，融入這種智慧，而不會因外部影響而受衝擊，我們便走在一條適合我們的道路上。

1.　譯註：該公司已更名為 SHONAI。

2.　更多訊息可參見：suiden-terrasse.com/en/。

3.　更多訊息可參見：sorai.yamagata-design.com。

4.　更多訊息可參見：tsuruokacity.com/restaurants/naa。

5.　Suzuki, Shunryū, Zen Mind, Beginner's Mind: Informal Talks on Zen Meditation and Practice (Boulder: Shambhala, 2020). 中文版：《禪者的初心》（多家出版社出版）

第十二章

意向

—— 我們有幸擁有這一天 ——

夜色最濃的部分已經開始消退。不久前，第一聲海螺已經響起，這次我已經準備好出發了。我穿上我的白裝束，套上了我開始相當喜愛的分趾靴，抓起靠在戶外廁所牆邊的木杖，最後一次站上我在行列中的位置。

　　沒有人說話，也沒有吃早餐，我們離開了參拜者的宿坊，沿著路，直接登上了羽黑山二四六六級崎嶇不平的石階。我們向雪松爺爺行禮鞠躬，在五層寶塔的影子裡念誦經文，並在山徑上的幾座神社停下來念誦《心經》。一路上我都覺得精神飽滿。

　　當太陽升起時，我想起去年秋天，麗莎火葬後不久，我前一次穿著笨重的步行靴爬上同樣的台階以來，直到這一天發生的一切，當時我也還沒意識到我的母親身體欠安。我回想我尋找「心」的過程，是一場多麼完美的中年風暴，在許多層面都有失落和悲傷，但在許多方面也是快樂的、鼓舞人心的，充滿了美。

　　我在地球上生活的四十六年裡，從來沒有在一年裡哭這麼多，笑這麼多。我認識了身體、心理和情緒上的挑戰，這提醒我，使用理性思維，並不是體驗世界、做出決定，或感知真正重要的事情的唯一方法。

我想起了我經歷過的數百次珍貴的對話，關於生命轉變、死亡與不虛度的人生，以及在我看來，我們的「心」不僅讓我們獲得自己的智慧，而且肯定帶有每個我們遇見的人的智慧痕跡——我們的祖先和地球本身。

我深深地沉浸在這種反思和感恩的祈禱中，以至於當我們到達山頂的海螺聲響起時，我驚了一下。

我們在蜂子皇子的神社——羽黑山蜂子神社前，在星野大師的身後排一列。這裡埋葬著一位逃亡皇子的陵墓，他在一千四百多年前跟隨神祕的三足烏鴉八咫烏來到出羽三山，並開山使這裡成為自然崇拜的中心。當我們再次念誦《心經》時，我對埋葬在這裡的皇子、對我的嚮導，以及神聖的出羽三山升起一股感激之情，他們飄洋過海召喚著我，引導我深入我的內在世界，當我燃燒時支持著我，為我過往的灰燼堆肥，並為我提供了重生的機會。

我們在主神社參加了一場特別的祕密儀式，這是一座雄偉的紅色建築，有一個巨大的茅草屋頂——日本最大的茅草屋頂。當我們離開時，我們經過了鏡池、一口十噸重的鐘，和一座被稱為「平

和之塔」的紀念碑，這是一個完美光滑的石球，頂部有一個三足黑烏鴉的小雕像。那隻八咫烏，現在已經休息了。

當我們飛快下山時，我感到一種陌生的輕鬆，感覺到去年秋天在羽黑山開始開放的寬敞內在，如何在我一生中最艱難的一年裡無限擴張，並使我明白：我可以一步步、一天天地創造我想要的人生。

思考遺產問題

回到京都完成最後一些懸而未決的事情，我有一種結局即將到來的感覺。我還有最後一個想去的地方。我叫了計程車前往青蓮院，[1] 這是我在之前的書《侘寂》開頭所寫到的寺廟。司機大西先生（Mr. Onishi）問我在日本做什麼，不知怎地，我們就聊到了遺產的話題。「我不會為我的孩子留下任何東西，」他說：「我寧願把這些錢花在享受與他們和他們的孩子在一起的時光。」這是關於遺產的不尋常想法，但卻是一種引人深思的想法。

你可能還記得，在這段旅程的開始時，我陷入了與自己的掙扎。我的自我想要掌控一切、制定計

畫並實現它，取得別人眼中的成功，並積累足夠的財富，以便在我離開的時候留下一筆可觀的遺產。但內心的低語告訴我，我真正需要的是放下控制欲，停止執著於計畫，覺察人生中正在開展的經驗，在自己眼中茁壯成長，並且，以一種每一天都對別人產生影響的方式來創造遺產。哦，而且要有更多的樂趣。

我現在可以看出，這段內心的低語是來自我的「心」的提示，當我完全臨在，在某個特定時刻體驗快樂或連結時，它就會以嘶嘶聲、火花或顫動的形式出現，定期地提醒我。有個衝動告訴我：就是這樣。當我們全家一起捧腹大笑。就是這樣。用擁抱驅散悲傷。就是這樣。周日的早晨，在床上喝著茶，讀一本詩集，心滿意足。就是這樣。感受到一段新的友誼正在綻放。就是這樣。知道我寫的東西讓某個人感到不那麼孤單。就是這樣。抬頭看著星星並感到敬畏。就是這樣。

我還可以看到，我過往對控制、外在肯定和累積貨幣財富的需求，與我對成功和安全的信念有關，而這些信念已被過去一年的事件消磨了。雖然我設法讓自己根深蒂固的許多想法在山上死去，但半輩子的設定需要一段時間才能解鎖。我懷疑我

的信念並沒有完全消失，但我正在慢慢嘗試新的
存在方式、對世界新的反應，以便提供塑造新的
信念的機會。

很快，這趟旅程將要結束，也是我們餘生的開
始。正如廣井教授在本書前言中所說的，我們正在
進入一個過渡時期，我們的存在將取決於從物質成
長到精神增長的轉變。我們的生活方式會對人類社
會的未來產生影響。我們必須思考如何單獨與集體
地生活，以便我們能夠充分利用人生，並做出超越
我們自身存在，造福人類與自然的選擇。

當我思考我想留下什麼樣的遺產時，我不再考
慮我離開後要分配多少遺產，而是考慮不同的事：

- 我是否教導我的女兒們如何在有一天失去
  我時，卻始終與我親近？
- 我的「心」會留下哪些痕跡，嵌入那些在
  我身後的人身上？
- 因為我活著，世界上什麼事情會變得可
  能，會成真，或變美好？
- 我將成為什麼樣的父母、朋友、導師和
  社區成員？
- 如果有機會，我會成為什麼樣的長者？

- 我會成為什麼樣的祖先？

回答這些問題是一生的工作。

「心」的工作。

這是我餘生的工作。我餘生每天「心」的工作。以及從現在開始，當我作為一個人，一個存在，過我的日常生活時，導引我的意向的工作。

五種「心」

大西先生把車子停在青蓮院外，我一下車，就感到一股激動。我記得六年前一個寒冷的十二月夜晚去了那裡，當時我正在努力弄清楚侘寂的概念，並且知道我必須寫一篇草稿，放入我的新書提案。我當時還不知道如何解釋這個詞語，但我知道它很重要。我也不知道我是否能找到合適的詞彙，或出版社是否願意冒這個險。一切都是未知的。

當年我騎著腳踏車去那裡，晚上的空氣裡可以看見我呼出的氣息，看見青蓮院的庭園裡夜燈通亮。我撿起一片落下的紅葉，紫紅色的，邊緣

捲曲，我感覺心裡有一個空間打開了。就在那個當下，我擁有了我所需要的一切。我感到平靜的滿足，但也夾雜著憂鬱，因為我知道這樣轉瞬即逝的時刻，將一去不返。在那一刻，我理解了關於侘寂的某些東西，並引領我完成那本書其餘的部分。

我不知道我的《侘寂》這本書一旦離開我的手，走向世界，它會帶我走向何方，我當然也沒期待它會帶我踏上新的追尋——這個追尋，我們的追尋——但它確實這麼做了。這就是它運作的方式。在我知道侘寂是什麼之前，我就知道它的概念很重要。在我真正知道「心」是什麼之前，我就知道它很重要。而我之所以知道，是因為智慧已經存在於我的「心」本身。在我理解這種認知之前，我先感受到這種認知，並且夠信任它，看它引向何方。

在《侘寂》出版五周年之際回到青蓮院，沉思這一點，我意識到自從多年前送出那本書以來，故事中未完成的部分，一直困擾著我。

「侘寂」是日本人的美感和溫柔本性的底蘊。這是一種指引他們體驗人生的世界觀，儘管很少被討論。它的影響無所不在，卻用肉眼遍尋不見。侘

寂是對美的一種感受，反映生命的真實本質。它認可了簡單、緩慢與自然生活這項禮物，也是對一切事物無常、不完美和不完整本質的欣賞與接受。我現在意識到我當時沒有意識到的是，「佗寂」是「心」的回應。

當我們在一個不完美的世界中經歷一個完美的時刻時，「心」會全神貫注地感知一切，這就是為什麼時間似乎會變慢，會徘徊。在這樣的時刻，正是「心」向我們發出了一種脈動，我們讀到的訊息是：就是這樣。這就是生命的重點。生命，就在此時此地展開，如同從此刻當中所觀察到的。

就是這樣。

用「心」的語言講述的人生。

又過了五年的中年風暴，我才意識到我早就談到了「心」，但沒有指出它，而指出它，是這個拼圖的最後一塊。事情發生在先，標籤跟在後。我們的工作是指認出正在發生的事，相信它，並跟隨它的引導，即使我們還不知何以名之。

我起身離開青蓮院，靜靜地穿過鋪滿榻榻米的房間，朝出口走去。一組用流暢的書法寫成的裱框

文字，吸引了我的注意。我以前從未注意到它，儘管後來我才知道，它至少在我出生以後就掛在那裡。上面寫著：

日常的五「心」

真誠的心說：「是的。」
反省的心說：「對不起。」
謙虛的心說：「幸好有您。」
奉獻的心說：「請讓我來。」
感激的心說：「謝謝。」[2]

我喜歡這些慷慨的建議，它們承認了這樣一個事實：當我們活著的時候，我們在公司和社區中要這麼做。我開始學習如何包容他人，但又不犧牲自己的欲望，以及如何仰賴自己的智慧，在需要時尋求幫助。也許最重要的是，我想起了九十九歲的比丘尼瀨戶內寂聽說過的：

活著就是去愛。

回家

　　現在是秋天了，我回到了英國。我正在等待白色水仙花和淡粉色鬱金香球莖送來，讓我和孩子們一起把它們種在鞦韆周圍，我們喜歡坐在鞦韆上想念我母親。昨天，我們用樹上最後的幾顆蘋果烤了蘋果酥。

　　今天早上，我穿著媽媽編織的保暖護踝，迎接秋分的日出。我坐在河邊的長凳上，有一杯茶和一些薑餅相伴，一群灰雁排成完美的 V 字形從頭頂飛過。天空是最淡的藍色，一棵樹的輪廓像潑墨一樣落在後面的山上。我想起了過去一年裡我們在日本之旅中遇到的所有人，其中許多人將會在這個星期過「彼岸祭」。這個為期七天的佛教節日，是一個紀念的節日，也是個人沉思的時刻。

　　麗莎在去年的這個星期去世了。她的先生在臉書上貼了他最近注意到的所有的「最後」一件事情，例如他們的兒子穿上她摺的最後一件 T 卹，她為他買的最後一瓶香水在她去世周年的紀念日用完了，居然在這一天。他是個了不起的男人，他的悲傷不是因為這些小事的提醒，而是因為有一天，它們也可能會消失。

在一年裡、一生裡、一天裡，可以發生很多事。即使在對時間沉思如此之多後──線性的時間、季節的時間、道元的時間──時間仍然是個奇怪、深不可測的東西。時間視我們活動的強度而隨之延長與縮短，並且在毀滅時刻和幸福時刻似乎完全暫停。但在大多時候，世界繼續轉動，太陽和月亮繼續升起，人生會繼續，而我們的難過、喜悅、希望和記憶也會繼續存在。

我們的悲傷仍繼續。我們的悲傷和失去的化學變化仍繼續。我們的展開、不合時宜、回歸，仍繼續。我還沒甩掉灰燼、放慢速度、傾聽。這也是「心」的工作。這是我人生工作的一部分。而照顧「心」是最終的自我照顧。

過去的一年並沒有讓我變得更堅強，它只是讓我意識到，我已經比我想像的更堅強。我在脆弱中站得越直，力量在我身後落下的影子就越長。

傷心。有傷痕的心。裂開的傷口可能會癒合，但傷疤會留下來。我的傷疤就是我母親在安寧療護中心時，刻在我的「心」上的那句話：我們有幸擁有這一天。

我還處於中年。我的心裡依然感受到喜悅和悲傷的苦樂參半。我仍然去告訴母親關於我的孩子的

消息，然後才又想起母親已不在世。但這一年，與你一起的這段旅程，以及一路上接觸到的各種智慧和善良，確實改變了我。我可以看見，能夠帶著這樣的悲傷，能夠被某人所愛，並且如此深愛他們，以至於失去他們時，會有如此大的力量被釋放出來，這是一種榮幸。

當我十六歲離開學校去就讀六年制學院時，我們製作了一本紀念冊。在我們的照片和名字下面，我們必須分享一句最精簡的智慧話語。我寫了一句話：人生即是你所塑造的一切。幾年後，我讀到了一句對道元在十三世紀時的教義解釋，他說：「人生是我所塑造的一切，而我也是人生所塑造的。」[3]

這兩句話如此相似，我感到既震驚又興奮。直到我經歷了中年的打擊，我才注意到道元這句話的後半部，而那是我在那本紀念冊上的引文中遺漏的，一直被我輕易忽略，直到現在才發現：我是人生所塑造的。

我們有自主權，但我們無法全權控制。我們必須冒險，付出很多愛，盡可能地吸收人生中的甜蜜，因為我們永遠不知道我們還有多少時間。在任何特定的時刻，我們唯一確定的是：

我們在這裡。我們活著。

我們是幸運的人。

每天早上醒來，我們都有機會提醒自己：「我們有幸擁有這一天。」我們不知道還會有多少次這樣的機會。也許有幾千次，也許只有幾百次，也許只還有幾次。

做事的時間或正念的時間。浪費時間或創造時間。我們可以選擇。

我知道我選擇什麼。更多的愛。更多的歡笑。更多的生命，活在對此時此地一切狂野和壯麗的覺察中。你呢？

時間，被解開

我的舊靴子被秋天的氣息吸引，把我帶到了河邊。我的肩上披著一條毯子，喝著保溫瓶裡的熱茶，耳裡聽著澤維爾·拉德（Xavier Rudd）。他唱著古老的月亮，和他想起的一切。[4] 他未出世的兒子的心跳在這首歌裡振動著。

他那令人難以忘懷的副歌「請記得我」在樹林

中呼喚，像是我們的祖先、我的祖母和母親、麗莎以及所有我們失去的人的聲音。請記住我。我堅定地站在大地上，向天空舉起雙臂，發誓永遠不會忘記他們。

我也跟著唱，天空充滿了他的歌聲：請記得我。我像水蘆葦一樣搖擺，淚水從臉上滾落，我聽見自己的聲音：請記得我。

正是在記住所有逝去的人的過程中，我們記住了自己。我們出生前的本來面目。我們在萬物之網中的位置，因為先前發生的每件事和每個人。連結到未來的每件事和每個人。我們屬於此時，此刻，就在這一切的當中。

月亮緩緩升入黑夜。這是一個接近秋分的超級月亮，在黑暗的天空中發出橙黃色的光芒。當我凝視它時，一朵薄雲從它前面飄過，使得月亮的輪廓變得模糊。

它看起來就像我夢中的金色球體一樣。

終於，我明白了。

這個金色球體是時間。

它是瞬間的脈動能量，承載著過去的一切，和未來的所有潛力。

它是世界的心跳。

這個金色球體就是「心」。

它是靈魂的脈動能量，承載著我們所有過去的版本，以及我們未來的所有潛力。

它正是我們存在的心跳。

這個金色的球體就是我們，全然地活出生命。

當我們吸收世界的光，並將自己的光芒發射出去時，它是當前意識的體現。

它是我們活力的本質。

我在永平寺的佛殿聽到的低語又飄了回來：「你所需要知道的一切都在你的眼前。其餘的只是評論。」

沒有人真的知道我們死的時候會發生什麼事，但在那之前，我們確實知道：

只要我們還活著，我們就會不斷改變。讓這一點提醒我們，我們永遠可以重新開始。

只要我們還活著，我們就有一顆「心」來幫助

我們感知世界的黑暗和美麗，並以創造性的表達、
同理和愛來回應。

　　讓「心」當我們的指引。

　　只要我們還活著，我們就有時間。
　　讓我們好好地活吧。

「心」的工作：意向

- 你到底關心什麼，關心誰？

- 你現在有哪些疑問？

- 你將如何度過你的每一天，以確保你過的
  是一個沒有虛度的人生？

1. 更多訊息可參見：shorenin.com。

2. 原文作：「日常の五心」（nichijyōno goshin），是日本佛教的說法。作者翻譯。

3. 一位子弟把道元的想法寫成：「整個宇宙是一個不停止的過程，追求事物，使它們成為自己，追求自己，使它成為事物。」這段話出自 Waddell, Norman, and Abe, Masao, The Heart of Dōgen's Shōbōgenzō (New York: SUNY Press, 2002), p.33.

4. 這首歌是 Xavier Rudd 寫的 Jan Juc Moon，出自 Xavier Rudd 的專輯 Jan Juc Moon。見 xavierrudd.com

——後記——

「妳做了什麼夢嗎？」他問道，一邊拉起百葉窗，迎接新的一天。

「這次沒有，」我說：「我睡得跟初生嬰兒一樣熟。」

「要杯茶嗎？」他問。

「謝謝你，但我要出門散個步。」

當天空仍呈淡粉紅色時，我穿上外套，走向屋外的早晨。路上，沿著一條樹木繁茂的小徑，經過一片長滿肥碩黑莓的樹籬。一隻小知更鳥在荊棘叢中跳躍，然後飛過一扇有五條柵欄的大門。

我跟著知更鳥，眺望遠方的原野，發現大門上還掛著一滴露珠。它是一個完美的球體，懸掛著。我靠近它，可以看見我的臉的倒影，人生故事的紋路寫在臉上，我身後是天空、冉冉升起的太陽，和全新一天的希望。

整個宇宙都在這一顆露珠中，在此地，在此時。

——心的剖析——

　　身為一個對翻譯有濃厚興趣的人，我一直對日文「こころ」（kokoro）這個字在英語、文學、詩歌、標誌和網站上的呈現方式著迷。除了「心」之外，它也常以「大腦」、「心智」、「心靈」的意思出現。我的母語清楚區分了心臟（heart）、大腦（mind）和心靈（spirit），對我來說，每一個翻譯總感覺較像是指著月亮的手指，而不是月亮本身。這裡的迷人之處並不在於這個字意指的每一樣東西，而在於它意指所有這些，捕捉了與我成長過程所理解的截然不同的視角。

　　最簡單地說，「こころ」在最廣泛、最深刻的意義上意指「心」，但它不僅僅指感覺和情感，也意指對世界的思考反應——「こころ」是我們每個人內在表達本能的源泉。日本最普遍的字典《廣辭苑》以「人類精神行為的起源，或這些行為本身」開始一長串對「こころ」的定義[1]。在《簡明牛津

世界宗教字典》（*The Concise Oxford Dictionary of World Religions*）中，它被解釋為「人的基本和內在本質，因此實際上相當於佛性」。[2]

「こころ」的多面性

有時，了解日文的最佳方法，是看看它如何與其他字元結合使用。「こころ」寫作「心」，在日語中有超過八百多個詞語，每個詞語都有其意義。以下是我最喜歡的一些：

- 旅心（tabigokoro）：字面意義 —— 旅行的心：旅行癖
- 里心（satogokoro）：字面意義 —— 故鄉心：思鄉之情，懷舊之情
- 仏心（hotokegokoro）：字面意義 —— 佛的心：慈悲，慈善
- 心靜か（kokoro shizuka）：字面意義 —— 安靜的心，平靜的：平靜的心靈
- 心がおどる（kokoro ga odoru）：字面意義 —— 心跳舞：感到輕鬆、興奮
- 熱心（nesshin）：字面意義 —— 熱的心：熱心，熱情

- 良心（ryōshin）：字面意義 —— 好的心：良心
- 好奇心（kōkishin）：字面意義 —— 喜歡標新立異的心：好奇心
- 本心（honshin）：字面意義 —— 心的源頭：真實感受
- 心醉（shinsui）：字面意義 —— 心醉：崇拜
- 心願（shingan）：字面意義 —— 心的願望：祈禱
- 心臟（shinzō）：字面意義 —— 心的內臟器官：心臟
- 殘心（zanshin）：字面意義 —— 心的殘餘：持續的警覺；待命中（例如在射箭和武術中）

還有許多詞語是反映這個字的陰暗面，包括：

- 賊心（zokushin）：字面意義 —— 小偷／叛徒的心：惡意
- 疑心（gishin）：字面意義 —— 懷疑的心：懷疑，顧慮

- 心劳（shinrō）：字面意義 ── 勞苦的
  心：焦慮，害怕
- 心配（shinpai）：字面意義 ── 分配的
  心：擔心
- 苦心談（kushindan）：字面意義 ── 痛
  苦‧心‧說話：一個人遭遇困難的描述

「心」這個字融合了一個人的心靈、情緒和思考元素，因此「心」這個字具有與感覺、思想和情緒相關的廣泛含義。我們的挑戰在於拋棄關於這些元素的任何個別假設，而專注於理解它們之間的關係。根據上下文，「心」可以隱含情感或精神狀態、意圖、同理心、智慧或本質的細微差別，或更實際地表示某個事物的中心、核心，或者最核心。

長久以來，「心」這個字在傳統的文化中一直很重要。例如，在能劇中，劇作家世阿彌（一三六三～一四四三）將「幽玄」這種觀眾可以充分感受，但稍縱即逝的深刻的美，描述為一種「透過演員的『心』創造出的精緻、優雅、寧靜的形式

美」。[3]《勞特利奇哲學百科全書》（*Routledge Encyclopedia of Philosophy*）進一步闡釋說：「『心』同時表現出藝術家回應自然界的情感能力，這個能力在理想情況下催化了創作行為；也表現觀眾對此類藝術作品做出反應的平行能力，從而間接對藝術家的經驗做出反應；最後，這樣的一部作品會被評論為，具有『真知灼見』，或『有心』」。[4]

十五世紀的茶道大師村田珠光寫了一封信，闡釋了茶的儀式是內在生活的生動表達。這篇文章鼓勵人們追求日常之美，被稱為「心の文」──「心之信」。

大約三個世紀後，學者本居宣長提出「物の哀れ」（mono no aware，物哀），即對宇宙萬物無常的敏感，這是所有文學藝術的動機與價值。這種敏感性是「心」對世界的反應。[5]

隨著「心」在口號、廣告和歌詞裡的廣泛使用，「心」這個字仍然滲透在日本的生活大小事。就在最近，在我最喜歡的書店裡，我發現了一大堆書名裡有「心」的書籍，從勵志書到散文集，從管理策略到室內設計。

「心」也與「思いやり」（omoiyari）有關，即體貼和關心他人。公共浴室內張貼的海報證明了

這一點，鼓勵來賓為其他使用該設施的人著想，要有「無障礙的心」。

有一天在等火車時，我注意到一張預防自殺慈善機構的海報，上面有「心に傘お」（Kokoro ni kasa o）的字樣，「為『心』提供一把傘」。海報上寫道：「當悲傷的雨不斷落在你的『心』，事情變得痛苦和困難時，請打電話給我們。」

相對比的是，我的新 Sunny Log Note 隨手紀錄手帳本裡夾的小紙籤，寫滿了如何充分利用這本手帳版面的技巧，也同時印著：「暫停片刻，抬頭仰望天空。捕捉你周圍世界的變化、你注意到的事物，以及靈感的火花，這樣你將不會錯過或忘記它們。（有了這一本手帳）你的頭腦將永遠保持清醒，你的心將永遠明亮，你的前景將永遠光明。」

當我開始向不同的人詢問關於「心」的想法時，我很快便發現，儘管這個字被廣泛運用，但以日語為母語的人認為，要準確地表達出「心」是什麼，幾乎是不可能的事。當我同時詢問幾個人的時候，他們通常會爆發出異常激烈的爭論。無一例外的是，在我進行的無數次關於「心」的對話中，每個人都對「心」給出了不同的解釋，他們通常使用意象，而不是具體的描述，來捕捉「心」對他們的

意義。雖然單一的定義可能不存在，但有一件事確實絕對清楚的：「心」既是不可翻譯的，又是一種覺醒的、感受世界的體驗所必需的。

「心」是一種接通靈魂智慧和我們最深層智慧的機制。它是我們感受（將我們彼此，以及我們所處的世界連結在一起的）事物最內在本質的本能來源，也是我們對世界自然創造性反應的來源。有了「心」，我們才能看待、回應和創造美。

「心」是思考的心，和感受的大腦。有人說，它是靈魂的所在。使用「心」這個字，而不是像常見的英文字那樣只是翻譯為「心臟」（heart）、「大腦」（mind）、「心靈」（spirit），是為了提醒我們，「心」是所有這些，是人類的精神部分，充滿了深刻的內在智慧。

在許多情況下，「心」這個字與「魂」這個字相關，意思是「靈魂」，是人類的精神部分。不管我們個人認為靈魂是否是一個人的另外獨立部分，或它可能會或可能不會在人們死亡後繼續存在，我們必須對日本關於魂存在的想法抱持開放的態度，才能充分理解「心」對人類生活的影響，就如它在日本文化中所被理解的。

「心」是人類用感覺衝動，而不是理性思維，

對世界作出反應的內在場所，但是在日本文化中，它對於駕馭關係、感知美，以及分分秒秒如何回應世界，絕對至關重要。它可以幫助我們透過感覺的語言來引導人生，對現在做出反應，而不是被「猴子心」的遺憾或擔憂，拉進過去或未來，或被其他人的期望和意見拉去不同的道路。「心」也是我們每個人的表達本能之泉源。

許多我採訪過的日本人都提到了「心持ち」（kokoromochi」），即心的「抱持」，這指的是態度，一種情感心態。你「持心」的方式，會影響你的心情，進而影響他人的心情。用本書談到的「淨心」方式照顧你的「心」，可以振奮你的心情，給你一種帶著快樂的心的感覺。

我與許多以日語為母語的人談過「心」的確切位置，他們都表示它位於心臟那個地方。有些人則認為它其實位於腹部或下腹部。有一個人告訴我，他們覺得「心」位於血液中，也有些人則覺得它不在身體的任何地方，而是無所不在，分布全身。

如此直接的問題卻得不到普遍的答案，可能會讓人迷失方向，但不要讓它分散我們的焦點：在我們體驗世界，並敏銳地做出反應的過程中，「心」發揮著重要的作用。

「心」的光

引導我們走上真實的人生道路。

---

1. 資料來源：Shinmura, Izuru, Kōjien daigohan (Tokyo: Iwanami Shoten, 1998) p.950.

2. 資料來源：https://www.oxfordreference.com/display/10.1093/oi/ authority.20110803100041699;jsessionid=4F0531ABCA3FBF 27EA 77167B70862598。二〇二三年九月四日查閱。

3. 資料來源：Pilgrim, Richard B., 'Some Aspects of Kokoro in Zeami' in Monumenta Nipponica, Vol. 24, No. 4 (Tokyo: Sophia University, 1969), pp. 393-491。可參見：https://www.jstor.org/stable/2383880。二〇二三年九月一日查閱。

4. 資料來源：https://www.rep.routledge.com/articles/thematic/kokoro/v-1。二〇二三年九月四日查閱。

5. 關於本居宣長與「物哀」，可參見 https://plato.stanford.edu/entries/japanese-aesthetics/。二〇二三年九月一日查閱。

── 誌謝 ──

當我和 Mr. K 結婚時，我們把五日圓的硬幣放進我們給賓客的結婚紀念小物。我們在日本訂婚，所以這對我們是一個特別的地方。在日文裡，「五日圓」（五円，goen）的發音和「關係」（ご縁，goen）相同，意味著一種偶然的、珍貴的關係的祝福，這種關係紀念了我們的人生神祕而美麗的糾纏方式。某些遭遇改變了我們的人生軌跡，或是留下了多年來一遍又一遍重溫的痕跡。「心」是建立在這樣的聯繫網絡之上。

寫這本書的最大樂趣之一，就是過去五年我在日本進行了廣泛的旅行。我將永遠感謝所有允許我在本書中分享我與他們的相遇的人，以及那些在幕後透過介紹、建議和故事，支持我的研究的人。這些人包括 Shinichirō Ashino, Yukako Sasaki, Kōji Sasaki, Bruce Hamana, Duncan Flett, Daisuke Sanada, Ai Matsuyama, Kao Sōsa, Nele Duprix,

Norifumi Fujita, Keiichi Ōmae, Michael Chan, Noriko Hara, Kyōko Adachi, Michiyuki Adachi, Hiroko Tayama, Reishi Tayama, Tina Sakuragi, Kazuo Kasami, Morihisa Akasaki, Misako Akasaki, Teruyuki Kuchū, Asato Nakamura, Hiroshi Noboru, Yūko Nakaji, Mitsuhiro Watanabe, David Joiner, James Nicol, Chifumi Watanabe, Hatsumi Hiroe, Akiko Koga, Yūko Shōji and Kazumi Masuda.

深深感謝 Master Fumio Hoshino，以及 Master Kazuhiro Hayasaka 為我引介出羽三山，也感謝 Takeharu Katō 和團隊安排我的行程，包括山伏訓練和訪談。我將永遠感激山形縣，這個地方在四分之一個世紀前歡迎了我和我的哥哥，給了我們一個家和一個由我所認識的一些最熱情、最善良的人組成的網絡，還有山脈、雪和超美味的食物。

我非常感謝許多人的奉獻、嚴謹和專業學術，幫助我探索許多世紀前的一些概念。這些人包括 Shinshu Roberts, Dainin Katagiri, Peter Levitt, Kazuaki Tanahashi, Norman Waddell, Masao Abe, Hee-Jin Kim, Jane Reichhold, Sam Hamill, Nobuyuki Yuasa, Shōhaku Okumura, Meredith McKinney, Juliet Winters Carpenter, Carmen

Blacker, Donald Keene, Jundo Cohen, John Stevens, Brad Warner，以及 Steven Heine。

《心之道》這本書的結語是向兩本很棒的書致敬，這兩本書教我許多關於道元的事，兩本書是片桐大忍寫的《*Each Moment is the Universe: Zen and the Way of Being Time*》，以及棚橋一晃編輯 的《*Moon in a Dewdrop: Writings of Zen Master Dōgen*》。

我想要感謝京都漢字博物館、故鄉回歸支援中心（東京）、牛津大學博德利日本研究圖書館（Bodleian Japanese Library），還有永平寺、柏樹關、松永六館、里山十帖、禪坊靖寧、東本願寺、蓮華寺、青蓮院。

我超級感謝京都大學廣井良典教授為這本書寫了一篇很棒的序，以及我們好幾小時的對話。

在過去的五年裡，特別是在最近的一年裡，我在現實生活和我的線上社群中得到許多人的支持，請知道我的心中充滿感激。

寫書需要時間，我要感謝那些慷慨和辛勤工作的人們，他們使我能夠在需要時專注於這項計畫：Lilla Rogers, Becky McCarthy, Louise Gale, Jennie Stevenson, Rachael Taylor, Vic Dickenson, Kelly

Crossley, Simon Brown, Rachael Hibbert, Mark Burgess 與 Liam Frost。

若不是我親愛的經紀人 Caroline Hardman、Hana Murrell 和在 Hardman & Swainson 的團隊，或 Jillian Young、Jillian Stewart 與 Piatkus and Little, Brown 的團隊，這本書就不會存在。好感謝你們，與你們工作很愉快。感謝 Matt Burne 設計這本書的封面，是滿月下的月山。

我非常感謝 Seiko Mabuchi 和 Audrey Flett 在檢查日語、文化參考資料和史實方面的支持，以及在寫作的最後幾個星期的陪伴，任何漏網的錯誤都是我的責任。

感謝 Rachel Kempton 當我的早期讀者，為我提供了最周到的建議，並在我最困難的時刻提醒我，我正在實現我的作家夢想，即使那看起來像運動服和超市裡加熱的冷凍魚派。

感謝麗莎，她在這本書中給了我關於妳的祝福：非常感謝妳的友誼。

長頸鹿們，我永遠記得你們照顧媽媽和我的方式。

K 先生、西耶娜和瑪雅，你們永遠是我的心。

媽媽，您的逝去對我來說仍然是不真實的，我

仍然會打電話告訴妳消息，或者想像妳張開雙臂下
火車，讓女孩們可以跑進妳的懷裡，您的缺席只會
加強持久的印記。

　　附註（真實的故事）：當我寫完這一段時，我
抬起頭，在桌子後面的天空中出現了最巨大、最明
亮的彩虹，媽媽，我希望那是您。

── 在日本慢旅行的祕訣 ──

　　若這本書激起你去日本玩的興趣，我真是太高興了！日本真的是一個值得拜訪的地方。以下是一些幫助你準備行程的想法。我個人的意見是，在日本旅行最好的方式，就是慢慢走 ── 花幾天待在一個地方，而不是在一長串知名景點中東跑西跑，匆匆忙忙打包行李。如果可能的話，試著遠離大城市，去探索鄉村地區。

　　近年來，大部分「必遊」的景點都太擁擠了，對任何人都不是一種很好的體驗，而且有些還會破壞當地環境，對當地人的生活造成干擾。安排一些不一樣的 ── 問問計程車司機他們最喜歡的安靜地點，讓機緣來帶領。慢下來，在公園坐一會兒，漫無目的地走一段路，和店老闆聊一下天，或者詢問當地的推薦地點。把焦點放在體驗，而不是地點清單，你將會有一段難忘的旅行。

若想知道更多我最新的參觀地點與活動行程建議，可在 bethkempton.substack.com 訂閱我的 Substack。

日本旅遊須知

· 帶著開放的大腦與心。

· 出發前學幾句日語──即使是一句問候語都很好用，認得幾個簡單的字也能給你一些信心。

· 練習使用筷子。

· 尊重當地的習慣：進門前要脫鞋子，不在公共場所打噴嚏，不亂丟垃圾，不在路上吃東西。

· 若你在公共三溫暖或溫泉泡澡，在進入池前先淋浴。

· 有機會便和當地人說話。

· 若你有機會拜訪某人的家，帶個伴手禮。

· 一般而言，日本是個安靜的地方。說話時音量放低，尤其是在廟宇、神社與公園時。

· 保持微笑，你正在參與一場冒險！

行程規畫小祕訣

　　你可能會很想去你聽過的地方，然而，人少的地方才有更多的魔力與未知。若你不確定要從哪裡展開你的旅程，試著找一個主題，從那裡開始。以下是幾個想法：

── 從咖啡店開始

　　日本的咖啡文化很興盛，在連結緊密的鄉村社區，咖啡店通常是當地的中心。你可以在任何地方發現咖啡店 ── 在稻田裡、海邊、在流動式咖啡店、在古老的澡堂。可以從 IG 開始找。你可以找一個你想去的地方，然後安排一趟去那附近的旅行。這可能會帶給你一場意外之旅。

── 從溫泉開始

　　全日本有數千個溫泉，當中很多是在偏遠的城和村落，有些是在山區，有些在海邊。它們都能提供真正的日本生活體驗，為你的身體帶來愉悅，也能為你的心靈帶來撫慰。你可能也會體驗到溫暖的好客之情與意外好吃的美食。如果預算許可，日式旅館可能是一種很棒的放縱。或者，你可以嘗試

當地的民宿，然後找一天去體驗溫泉，這通常只要幾百日圓。尋找地點時，只要在 Google 打上「溫泉」，加上你想要造訪的地區，點選「照片」，從那裡篩選。

—— 尋找美食

日本的每一個縣、市和城鎮都有地方名產，很可能是某一種食物。踏上這個國家的美食家之旅，可以探索一般路線之外，發現各式各樣的美食樂趣。何不挑戰一下自己，去發現最好吃的拉麵，或者品嘗某種特別的山林野菜？

—— 發現傳統技藝

去找一個你會感興趣的手工藝。有些最好的陶藝是在鄉下，或者座落在美麗的鄉村城鎮與村落，也可以當成一個健行的起點，或者享受鄉間的悠閒。

—— 嘗試住在農場

很多農場開始向觀光客敞開他們的大門，這是與當地人接觸，探索一般觀光路線以外地區的好方法。這對孩子也是一種難得的體驗。

——滑雪／單板滑雪

日本有一些全世界最好的滑雪場，坡道比歐洲的滑雪場空曠許多。此外，他們還在滑雪場提供咖哩，還有溫泉和雪祭。試試長野、北海道或藏王（山形和仙台之間）。

——租一間房子

住宿傳統的房子，或和家人一起寄宿當地家庭，都是美好的經驗。與其從一個地方趕到另一個地方，不如考慮在一個地方停留一段時間，了解當地並想像自己住在那裡。

——來一趟神奇的謎之旅

出發前買一張 JR Pass（超值鐵道之旅），然後閉上眼睛，在地圖上指一個地點，就去那裡。看看你能發現什麼！

——有用的網站

· japan.travel 日本國家旅遊組織網站

· nihonmono.jp/en/ 在鄉村地區遇見真正日本技藝的資訊

· spoon-tamago.com 最新日本藝術、設計

與文化

- rome2rio.com 計畫任兩地的旅程
- willerexpress.com/en/ 便宜的長途巴士
- japan-experience.com 租賃舒適的日式住家
- jetprogramme.org 日本交流和教學計畫，如果你想嘗試職業突破或新的挑戰
- gaijinpot.com 在日本居住、求學與工作相關資訊
- thetokyochapter.com 與孩子一起去日本旅行的建議
- deepkyoto.com 絕佳的京都旅行建議
- audleytravel.com/japan 找 Duncan Flett 的相關訊息，他是我知道的最棒的日本旅行嚮導之一
- tofugu.com 學習日文的網站
- www.japantimes.co.jp/mainichi.jp/english/japantoday.com 每日新聞

──有用的 apps

- Japan Travel by Navitime 日本旅遊指南
- Yurekuru 地震與海嘯通知
- Tokyo Metro 東京地鐵

- Google Maps
- Google Translate
- Yomiwa 日文字典
- Ecbo Cloak 全國行李寄存
- WayGo 菜單翻譯
- XE Currency Converter 匯率換算
- 72Seasons 日本七十二候（節氣）

——旅遊指南書籍

- *Japan* by Ebony Bizys/Hello Sandwich (Hardie Grant)
- *Japan* by Steve Wide and Michelle Mackintosh (Plum)
- *Lonely Planet Japan* (Lonely Planet)
- *Mindfulness Travel Japan* by Steve Wide and Michelle Mackintosh (Quadrille)

——出發前必讀

- *A Single Rose* by Muriel Barbery (Gallic)
- *Autumn Light: Japan's season of fire and farewells* by Pico Iyer (Bloomsbury)
- *Eat Sleep Sit: My year at Japan's most*

rigorous Zen temple by Kaoru Nonomura
(Kodansha)

- *In Praise of Shadows* by Junichirō Tanizaki
(Vintage)
- *Kyoto: The forest within the gate* by Edith
Shiffert, with Marc P. Keane, Diane
Durston, Yoshifumi Takeda, and John
Einarsen (White Pine Press)
- *Lost Japan: Last glimpse of beautiful Japan*
by Alex Kerr (Penguin)
- *Memoirs of a Geisha* by Arthur Golden
(Vintage)
- *One Robe, One Bowl* by John Stevens
(Weatherhill)
- *The Narrow Road to the Deep North and
Other Travel Sketches* by Matsuo Bashō
(Penguin Classics)
- *Travels with a Writing Brush* by Meredith
McKinney (Penguin Classics)
- *The Bells of Old Tokyo: Travels in Japanese
time* by Anna Sherman (Picador)
- *Wabi Sabi: Japanese wisdom for a perfectly*

imperfect life by Beth Kempton (Piatkus) 中
文版：《侘寂：追求不完美的日式美學》

參考資源 2
——幫助自己面對悲傷——

—— 網站

- Optionb.org
- Thegoodgrieftrust.org
- Macmillan.org.uk
- Cruse.org.uk
- Mind.org.uk

—— Podcasts

- Griefcast with Cariad Lloyd
- Everything Happens with Kate Bowler

—— 書籍

- *The Red of My Blood* by Clover Stroud (Doubleday)
- *The Year of Magical Thinking* by Joan

Didion (Harper Perennial)

- *Notes on Grief* by Chimamanda Ngozi Adichie (Fourth Estate)
- *A Grief Observed* by C.S. Lewis (Faber & Faber)
- *Softening Time: Collected Poems* by Elena Brower (Andrews McMeel)
- *Loss* by Donna Ashworth (Black & White)
- *The Phonebox at the Edge of the World* by Laura Imai Messina (Manilla Press)

──參考書目──

請注意，包含日文字的書名將依該字出現在該書籍的標題呈現，即使這與本書正文中使用的赫本羅馬化系統不同，例如，用「Dogen」，而不是「Dōgen」，書名中沒有長音符號。出版社與作者的名字亦同。

──英文參考書目

- Aguirre, Anthony, *Cosmological Koans: A Journey to the Heart of Physics* (London: Penguin, 2020)
- Aitken, Robert, *The River of Heaven* (Berkeley: Counterpoint, 2011)
- Andoh, Elizabeth, *Kansha: Celebrating Japan's Vegan and Vegetarian Traditions* (New York: Ten Speed Press, 2010)
- Aoyama, Shundo, *Zen Seeds: 60 Essential Buddhist Teachings on Effort, Gratitude and Happiness* (Boulder: Shambhala, 2019)
- Barthes, Roland (trans. Howard, Richard), *Empire of Signs* (New York: Hill and Wang, 1982)

- Beardsley, Richard K., Hall, John W., and Ward, Robert E., *Village Japan* (Chicago: University of Chicago Press, 1959)

- Bhakt, Ram, *A Seeker's Guide to the Yoga Sutras: Modern Reflections on the Ancient Journey* (Emeryville: Rockridge Press, 2019)

- Bird, Winifred, *Eating Wild Japan: Tracking the culture of foraged foods, with a guide to plants and recipes* (Berkeley: Stone Bridge Press, 2021)

- Bjornerud, Marcia, *Timefulness: How Thinking Like a Geologist Can Help Save the World* (Princeton: Princeton University Press, 2018)

- Blacker, Carmen, *Collected Writings of Carmen Blacker* (Richmond: Japan Library, 2000)

- Brown, Azby, *Just Enough: Lessons from Japan for sustainable living, architecture and design* (Berkeley: Stone Bridge Press, 2009)

- Brown, Brene, *Atlas of the Heart: Mapping Meaningful Connection and the Language of Human Experience* (London: Vermillion, 2021)

- Brûlé, Tyler, (ed.), 'Trailblazers of Regional Japan', in *Monocle*, Issue 129 (Dec 2019/Jan 2020)

- Busch, Akiko, *How to Disappear: Notes on Invisibility in a Time of Transparency* (New York: Penguin Press, 2019)

- Claudel, Matthew, *Ma: Foundations for the Relationship of Space- Time to Japanese Architecture, Exhibition Catalogue* (New Haven: University of Yale, MA thesis, 2012)

- Cohen, Jundo, *The Zen Master's Dance: A guide to understanding Dōgen and who you are in the Universe* (Somerville: Wisdom, 2020)

- Couturier, Andy, *The Abundance of Less: Lessons in Simple Living from Rural Japan* (Berkeley: North Atlantic Books, 2017)

- Davies, Roger J., *Japanese Culture: The Religious and Philosophical Foundations* (Tokyo; Rutland, Vermont; Singapore: Tuttle, 2016)

- Davies, Roger J. and Ikeno, Osamu (eds), *The Japanese Mind: Understanding Contemporary Japanese* (Tokyo; Rutland, Vermont; Singapore: Tuttle, 2002)

- Davis, Bret W., (ed.), *The Oxford Handbook of Japanese Philosophy* (Oxford: Oxford University Press, 2020)

- Davis, Malcolm B., (ed.), *Insight Guides Japan* (Hong Kong: APA Publications, 1992)

- Deal, William E., *Handbook to Life in Medieval and Early Modern Japan* (Oxford: Oxford University Press, 2006)

- Donegan, Patricia, *Haiku Mind* (Boulder: Shambhala, 2008)

- Ehrlich, Gretel, *Unsolaced: Along The Way to All That Is* (New York: Pantheon, 2021)

- Embree, John F., *A Japanese Village: Suye Mura* (London: Kegan Paul, Trench, Trubner & Co., 1946)

- Ertl, John Josef, *Revisiting Village Japan PhD Thesis* (California: University of California, Berkeley, 2007)

- Fischer, Norman, *Mountains and Rivers Sutra: A weekly practice guide* (Ottowa: Sumeru, 2020)

- Foster, Nelson, and Shoemaker, Jack, *The Roaring Stream: A new Zen reader* (New Jersey: The Ecco Press, 1996)

- Freiner, Nicole L., *Rice and Agricultural Policies in Japan: The Loss of a Traditional Lifestyle* (Cham: Palgrave Macmillan, 2019)

- Frydman, Joshua, *The Japanese Myths: A guide to gods, heroes and spirits* (London: Thames & Hudson, 2022)

- Fujii, Mari, *The Enlightened Kitchen* (New York: Kodansha, 2005)

- Fukutake, Tadashi, (trans. Dore, R. P.) *Japanese Rural Society* (London: Oxford University Press, 1967)

- Gill, Andrea, *Shugendō: Pilgrimage and ritual in a Japanese folk religion* (Tennessee: University of Tennessee academic paper, 2020)

- Halifax, Joan, *The Fruitful Darkness: A Journey Through Buddhist Practice and Tribal Wisdom* (New York: Grove Press, 1993)

- Halpern, Jack, (ed.), *NTC's New Japanese-English Character Dictionary* (Tokyo: NTC, 1993)

- Harding, Christopher, *The Japanese: A History in Twenty Lives* (London: Allen Lane, 2020)

- Hass, Robert, *The Essential Haiku* (Northumberland: Bloodaxe, 2013)

- Hawking, Stephen, *The Illustrated A Brief History of Time* (London: Bantam Press, 2018)

- Hearn, Lafcadio, *Kokoro: Hints and Echoes of Japanese Inner Life* (Vermont: Tuttle, 1972)

- Heine, Steven, *Dogen: Japan's Original Zen Teacher* (Boulder: Shambhala, 2021)

- Heine, Steven, (ed.) *Dōgen: Textual and Historical Studies* (Oxford: Oxford University Press, 2012)

- Hendry, Joy, *Understanding Japanese Society* (London: Routledge, 1987)

- Hill, Dennis, *Yoga Sutras: The Means to Liberation* (Bloomington: Trafford, 2015)

- Hillman, James, *The Thought of the Heart and the Soul of the World* (Thompson: Spring Publications, 2021)

- Hino, Akira, *Kokoro no Katachi: The Image of the Heart* (Tokyo: Self-published, 2013)

- Hoffmann, *Yoel, Japanese Death Poems* (Tokyo; Rutland, Vermont; Singapore: Tuttle, 1986)

- Imanishi, Kinji, (trans. Asquith, Pamela J., et al.), *A Japanese View of Nature* (Oxon: Routledge, 2002)

- Ishige, Naomichi, *The History and Culture of Japanese Food* (Oxon: Routledge, 2011)

- Iyengar, B.K.S., *Core of the Yoga Sūtras: The Definitive Guide to the Philosophy of Yoga* (London: Thorsons, 2012)

- Johnson, David W., *Watsuji on Nature* (Evanston: Northwestern University Press, 2019)

- Kabat-Zinn, Jon, *Wherever You Go, There You Are: Mindfulness meditation for everyday life* (London:

Piatkus, 2019)

- Katagiri, Dainin, *Each Moment is The Universe: Zen and the Way of Being Time* (Boulder: Shambhala, 2007)

- Katagiri, Dainin, *The Light That Shines Through Eternity* (Boulder: Shambhala, 2017)

- Kawai, Kanjirō, (trans. Uchida, Yoshiko), *We Do Not Work Alone* (Kyoto: Kawai Kanjiro's House, 2017)

- Kawano, Satsuki, Roberts, Glenda S., and Long, Susan Orpett, (eds), *Capturing Contemporary Japan: Differentiation and Uncertainty* (Honolulu: University of Hawai'i Press, 2014)

- Keene, Donald, (ed.), *Anthology of Japanese Literature* (New York: Grove, 1955)

- Keene, Donald, *Essays in Idleness: The Tsurezuregusa of Kenkō* (New York: Columbia University Press, 1967)

- Kempton, Beth, *The Way of the Fearless Writer: Ancient Eastern wisdom for a flourishing writing life* (London: Piatkus, 2022)

- Kempton, Beth, *Wabi Sabi: Japanese wisdom for a perfectly imperfect life* (London: Piatkus, 2018)

- Kerr, Alex, *Finding the Heart Sutra: Guided by a Magician, an Art Collector and Buddhist Sages from Tibet to Japan* (London: Allen Lane, 2020)

- Kim, Hee-Jin, *Eihei Dōgen: Mystical Realist* (Somerville: Wisdom, 2004)

- Kishi, Akinobu, *Sei-ki: Life in Resonance* (London: Singing Dragon, 2011)

- Koike, Ryunosuke, (trans. Sugita, Eriko), *The Practice of Not Thinking: A Guide to Mindful Living* (London: Penguin, 2021)

- Kornfield, Jack, *The Wise Heart: Buddhist Psychology for the West* (London: Ebury, 2008)

- Krummel, John W. M., (ed.), *Contemporary Japanese Philosophy: A Reader* (London: Roman & Littlefield, 2019)

- Lakoff, George, and Johnson, Mark, *Philosophy in the Flesh: The Embodied Mind and its Challenge to Western Thought* (New York: Basic Books, 1999)

- Lee, Cyndi, *Yoga Body, Buddha Mind* (New York: Riverhead, 2004)

- Liotta, Salvator-John A., and Belfiore, Matteo, (eds), *Patterns and Layering: Japanese Spacial Culture, Nature and Architecture* (Berlin: Gestalten, 2012)

- Maloney, Dennis, (ed.), *Finding the Way Home: Poems of Awakening and Transformation* (Buffalo: White Pine Press, 2010)

- Manzenreiter, Wolfram, and Holthus, Barbara, (eds), *Happiness and the Good Life in Japan* (Oxon: Routledge, 2017)

- Marinucci, Lorenzo, *Hibiki and nioi. A study of resonance in Japanese aesthetics.* Article available at https://journals. mimesisedizioni.it/index.php/studi-di-estetica/article/ view/879

- Matsuo, Bashō, (trans. Reichhold, Jane), *Basho: The Complete Haiku* (New York: Kodansha, 2008)

- Matsuo, Bashō, (trans. Hamill, Sam), *Narrow Road to*

the Interior (Boulder: Shambhala, 2019)

- Matsuo, Bashō, (trans. Yuasa, Nobuyuki), *The Narrow Road to the Deep North and Other Travel Sketches* (London: Penguin, 1966)

- McCullough, Helen, (trans.), *The Tale of the Heike* (Stanford: Stanford University Press, 1988)

- McKinney, Meredith, (trans.), *Kenkō and Chōmei: Essays in Idleness and Hōkōki* (London: Penguin Classics, 2013)

- McKinney, Meredith, (trans.), *Gazing at the Moon: Buddhist poems of solitude* (Boulder: Shambhala, 2021)

- McKinney, Meredith, (trans.), T*ravels with a Writing Brush: Classical Japanese travel writing from The Manyōshū to Bashō* (London: Penguin Classics, 2019)

- Mitford, A.B., *Tales of Old Japan: Folklore, Fairy Tales, Ghost Stories and Legends of the Samurai* (New York: Dover, 2005)

- Murata, Yoshihiro et al. (Japanese Culinary Academy), *Introduction to Japanese Cuisine: Nature, history and culture* (Tokyo: Shuhari, 2015)

- Murayama, Yuzo, (trans. Winters Carpenter, Juliet), *Heritage Culture and Business, Kyoto Style: Craftsmanship in the Creative Economy* (Tokyo: JPIC, 2019)

- Nakano, Kōji, (trans. Winters Carpenter, Juliet), *Words To Live By: Japanese Classics for our Time* (Tokyo: Japan Publishing Industry Foundation for Culture, 2018)

- Nepo, Mark, *Falling Down and Getting Up: Discovering Your Inner Resilience and Strength* (New York: St Martin's Essentials, 2023)

- Nhat Hanh, Thich, *Awakening of the Heart: Essential Buddhist sutras and commentaries* (Berkeley: Parallax, 2012)

- Nhat Hanh, Thich, *Interbeing: Fourteen Guidelines for Engaged Buddhism* (Berkeley: Parallax, 1998)

- Nhat Hanh, Thich, *The Other Shore* (Berkeley: Palm Leaves Press, 2017)

- Nishida, Kitarō, (trans. Abe, Masao, and Ives, Christopher), *An Inquiry into the Good* (New Haven: Yale University Press, 1990)

- Nishida, Kitarō, *Intuition and Reflection in Self-Conciousness* (Nagoya: Chisokudō, 2020)

- Nishijima, Gudo, and Cross, Chodo, (trans.), *Master Dogen's Shobogenzo Book 4* (Tokyo: Windbell, 1999)

- Nonomura, Kaoru, (trans. Winters Carpenter, Juliet), *Eat Sleep Sit: My Year at Japan's Most Rigorous Zen Temple* (Tokyo: Kodansha International, 1996)

- Norbeck, Edward, *Country to City: The Urbanisation of a Japanese Hamlet* (Salt Lake City: University of Utah Press, 1978)

- Ō no Yasumaro, (trans. Heldt, Gustav), *The Kojiki: An Account of Ancient Matters* (New York: Columbia University Press, 2014)

- Ogawa, Tadashi, (trans. Marinucci, Lorenzo), *Phenomenology of Wind and Atmosphere* (Milan: Mimesis International, 2021)

- Okumura, Shōhaku, with O'Connor, Tonen, *Ryōkan Interpreted* (Bloomington: Dōgen Institute, 2021)

- Okumura, Shōhaku, 'The 7th Chapter of Shobogenzo Ikaka- myoju (One Bright Jewel) Lecture', *in Dharma Eye Soto Zen Journal*, Number 42 (September 2018), p.18.

- Okumura, Shōhaku, *The Mountains and Waters Sūtra* (Somerville: Wisdom, 2018)

- Ozeki, Ruth, *A Tale for the Time Being* (London: Canongate, 2013)

- Parry, Richard Lloyd, *Ghosts of the Tsunami* (London: Vintage, 2013)

- Pilgrim, Richard B., 'Some Aspects of Kokoro in Zeami' *in Monumenta Niponica*, Vol. 24, No. 4 (Tokyo: Sophia University, 1969), pp. 393–491

- Pipher, Mary, *A Life in Light: Meditations on Impermanence* (New York: Bloomsbury, 2022)

- Pye, Michael, *Japanese Buddhist Pilgrimage* (Sheffield: Equinox, 2015)

- Rinpoche, Sogyal, *The Tibetan Book of Living and Dying* (London: Rider, 2008)

- Ritchie, Malcolm, *Village Japan: Everyday Life in a Rural Japanese Community* (Tokyo; Rutland, Vermont; Singapore: Tuttle, 1999)

- Roberts, Shinshu, *Being-Time: A Practitioner's Guide to Dōgen's Shōbōgenzō Uji* (Somerville: Wisdom, 2018)

- Röttgen, Uwe, and Zettl, Katharina, *Craftland Japan* (London: Thames & Hudson, 2020)

- Rovelli, Carlo, (trans. Segre, Erica, and Carnell, Simon), *The Order of Time* (London: Penguin, 2018)
- Saga, Junichi, *Memories of Silk and Straw: A Self-Portrait of Small- Town Japan* (Tokyo: Kodansha, 1987)
- Shiffert, Edith, and Sawa, Yūki, *Anthology of Modern Japanese Poetry* (Vermont: Tuttle, 1972)
- Shikibu, Murasaki, (trans. Tyler, Royall), *The Tale of Genji Unabridged* (London: Penguin, 2001)
- Shirane, Haruo, *Japan and the Culture of the Four Seasons: Nature, literature and the Arts* (New York: Columbia University Press, 2012)
- Singleton Hachisu, Nancy, *Food Artisans of Japan* (Melbourne: Hardie Grant, 2019)
- Smith, Patrick, 'Inner Japan', in *National Geographic* Vol 186, No. 3, September 1994 edition pp.64–95
- Snyder, Gary, *Mountains and Rivers Without End* (Berkeley: Counterpoint, 1996)
- Sōhō, Takuan, (trans. Wilson, William Scott), *The Unfettered Mind: Writings from a Zen Master to a Swordsman* (Boulder: Shambhala, 2002)
- Sōseki, Natsume, (trans. McKinney, Meredith), *Kokoro* (London: Penguin, 2010)
- Stambaugh, Joan, *The Formless Self* (Albany: State of New York University Press, 1999)
- Stamm, Joan D., *Heaven and Earth are Flowers: Reflections on Ikebana and Buddhism* (Somerville: Wisdom, 2010)
- Stevens, John, *One Robe, One Bowl: The Zen Poetry of*

Ryōkan (Boulder: Shambhala, 2006)

- Stevens, John, *Rengetsu: Life and poetry of Lotus Moon* (Vermont: Echo Point, 2014)

- Stone, Michael, *Awake in the World: Teachings from Yoga and Buddhism for leading an engaged life* (Boulder: Shambhala, 2011)

- Stevens, John, Zen Bow, *Zen Arrow* (Boulder: Shambhala, 2007)

- Stuart, Colin, *Time: 10 Things You Should Know* (London: Orion, 2021)

- Suzuki, Shunryū, *Zen Mind, Beginner's Mind: Informal Talks on Zen Meditation and Practice* (Boulder: Shambhala, 2020)

- Tanahashi, Kazuaki, *Moon in a Dewdrop: Writings of Zen Master Dōgen* (New York, North Point Press, 1985)

- Tanahashi, Kazuaki, *Sky Above, Great Wind: The Life and Poetry of Zen Master Ryokan* (Boulder: Shambhala, 2012)

- Tanahashi, Kazuaki, (ed.), *Treasury of the True Dharma Eye: Zen Master Dogen's Shobo Genzo* (Boulder: Shambhala, 2010)

- Tanahashi, Kazuaki, and Levitt, Peter, (eds.) *The Essential Dogen: Writings of the Great Zen Master* (Boulder: Shambhala, 2013)

- Tannier, Kankyo, (trans. Thawley, Alan), *The Gift of Silence: Finding Peace in a World Full of Noise* (London: Yellow Kite, 2018)

- Traphagan, John W., *The Practice of Concern: Ritual,*

Well-Being and Aging in Rural Japan (Durham: Carolina Academic Press, 2004)

- Trungpa, Chögyam, *The Teacup and The Skullcup: Where Zen and Tantra Meet* (Boston: Shambhala, 2007)

- Uchiyama, Kōshō (trans. Wright, Daitsū Tom, and Okumura, Shōhaku), *Deepest Practice, Deepest Wisdom* (Somerville: Wisdom, 2018)

- Uchiyama, Kōshō, *How to Cook Your Life: From the Zen Kitchen to Enlightenment* (Boulder: Shambhala, 2005)

- Udaka, Michishige, *The Secrets of Noh Masks* (Tokyo, IBC Publishing, 2015)

- Van Zyl, Miezan, (ed.), *Simply Quantum Physics* (London: Dorling Kindersley, 2021)

- Waddell, Norman, (trans.) *The Essential Teachings of Zen Master Hakuin* (Boulder: Shambhala, 1994)

- Waddell, Norman, *Zen Words for the Heart: Hakuin's Commentary on the Heart Sutra* (Boston: Shambhala, 1996)

- Waddell, Norman, and Abe, Masao, *The Heart of Dōgen's Shōbōgenzō* (New York: SUNY Press, 2002)

- Warner, Brad, *Don't be a Jerk and Other Practical Advice from Dōgen, Japan's Greatest Zen Master* (Novato: New World Library, 2016)

- Warner, Brad, *The Other Side of Nothing: The Zen Ethics of Time, Space, and Being* (Novato: New World Library, 2022)

- Watanabe, Shōichi, *The Peasant Soul of Japan*

(London: Macmillan, 1989)

- Wirth, Jason M., *Engaging Dōgen's Zen: The philosophy of practice as awakening* (Somerville: Wisdom, 2016)

- Wirth, Jason M., Mountains, *Rivers and the Great Earth: Reading Gary Snyder and Dōgen in an Age of Ecological Crisis* (New York: SUNY Press, 2017)

- Yoshino, Genzaburō, *How Do You Live?* (London: Rider, 2023)

- Yuasa, Yasuo, (trans. Nagatomo, Shigenori, and Hull, Monte S.), *The Body, Self- Cultivation and Ki Energy* (Albany: State University of New York Press, 1993)

- Zeami, Motokiyo, (trans. Wilson, William Scott), *The Spirit of Noh: A New Translation of the Classic Noh Treatise The Fushikade*n (Boulder: Shambhala, 2006)

── 日文參考書目

- Akane, Akiko, *Jissen kokoro no yōga* (Tokyo: KTC Chūō Shuppan, 2014)

- Akane, Akiko, *Kokoro no yōga* (Tokyo: KTC Chūō Shuppan, 2008)

- Arai, Man, *Ryōkansan no aigo* (Niigata: Kōkodō, 2008)

- Arikawa, Mayumi, *Nichijyō o, kokochi yoku* (Tokyo: PHP, 2012)

- Chikushi, Tetsuya, *Surō raifu* (Tokyo: Iwanami, 2006)

- Ichida, Noriko, *Jinsei kōhan, jyōzu ni kudaru* (Tokyo:

Shōgakukan, 2022)

- Inamori, Kazuo, *Kokoro: Jinsei o i no mama ni suru chikara* (Tokyo: Sunmark Shuppan, 2019)

- Inata, Miori, *Dewa Sanzan* (Yamagata: Dewa Sanzan Jinjya, 2019)

- Iwahana, Michiaki, *Dewa Sanzan* (Tokyo: Iwanami Shinsho, 2017)

- Hinohara, Shigeaki, *Tabete naosu fusegu igaku jiten* (Tokyo: Kodansha, 2002)

- Hiroi, Yoshinori, *Mu to ishiki no jinruishi* (Tokyo: Tōyō Keizai, 2021)

- Hoshino, Fumihiro, *Kanjiru mama ni ikinasai* (Tokyo: Sakurasha, 2017)

- Jingukan (ed.), *Kurashi no shikitari jyūnikagetsu* (Tokyo: Jingukan, 2014)

- Kage, Kōji, *Kokoro ga wakaru to mono ga ureru* (Tokyo: Nikkei BP, 2021)

- Kageyama, Tomoaki, *Yukkuri, isoge* (Tokyo: Daiwa Shobō, 2015)

- Kaneko, Yukiko, *Gojyūdai kara yaritai koto, yameta koto* (Tokyo: Seishun Shuppansha, 2019)

- Kano, Takamitsu, *Shin shoku dō gen* (Tokyo: Gentōsha MC, 2022)

- Kasami, Kazuo, *Inaka o tsukuru* (Tokyo: Commons, 2018)

- Kataoka, Tsurutarō, *Kokoro no naka ni sei o motsu* (Tokyo: Sunmark, 2018)

- Kawai, Toshio, *Shinri ryōhōka ga mita nihon no*

kokoro (Kyoto: Minerva Shobō, 2020)

- Koike, Ryūnosuke, *Ima, shindemo ī yō ni* (Tokyo: Gentōsha, 2017)

- Kurose, Kikuko, *Kokoro ni naru oto* (Tokyo: Bungeisha, 2022)

- Masuda, Miri, *Kokoro ga hodokeru chiisana tabi* (Tokyo: Gentōsha,2016)

- Masuno, Shunmyō, *Zen no kokoro de taisetsu na hito o miokuru* (Tokyo, Kōbunsha, 2023)

- Matsuba, Tomi, *Gungendō no ne no aru kurashi* (Tokyo: Ie no hikari kyōkai, 2009)

- Matsuba, Tomi, *Mainichi o tanoshimu sutenai kurashi* (Tokyo: Ie no hikari kyōkai, 2016)

- Matsuo, Bashō, *Oku no hosomichi* (Tokyo: Kadokawa, 2003)

- Matsuo, Bashō, *Bashō zen kushū* (Tokyo: Kadokawa, 2010)

- Mizuno, Yaoko, (trans.) *Dōgen Zenji zenshū – Shōbōgenzō 3* (Tokyo: Shunjyūsha, 2022)

- Morigami, Shōyō, *Wabi sabi yūgen no kokoro: Seiyō tetsugaku o koeru jyōi ishiki* (Tōkyō: Sakuranohana Shuppan, 2015)

- Morishita, Noriko, *Kōjitsu nikki* (Tokyo: Parco Shuppan, 2018)

- Murata, Wajyu, *Watashi o ikiru* (Tokyo: Tabata Shoten, 2019)

- Nakata, Hidetoshi, *Nihonmono* (Tokyo: Kadokawa, 2018)

- Nakano, Tōzen, *Ryōkan* (Tokyo: Sōgensha, 2010)
- Nonomura, Kaoru, *Kū neru suwaru: Eiheiji shūgyōki* (Tokyo: Shinchōsha, 1996)
- Oki, Sachiko, *Gojyū sugitara, mono wa hikizan, kokoro wa tashizan* (Tokyo: Shuudensha, 2013)
- Oki, Sachiko, *Jinsei o yutaka ni suru chiisa na ippun no shuukan* (Tokyo: Shufu to seikatsusha, 2015)
- Ōtani, Tetsuo, *Dōgen* (Tokyo: Sōgensha, 2010)
- Satchidananda, Sri Swami, (trans. Itō, Hisako), *Integuraru Yōga* (Tokyo: Merukumāru, 2012)
- Sen, Genshitsu, *Nihon no kokoro, tsutaemasu* (Tōkyō: Gentōsha, 2016)
- Setouchi, Jakuchō, *Hohoemigatari* (Tokyo: Asahi Shinbun Shuppan, 2022)
- Shinmura, Izuru, *Kōjien daigohan* (Tokyo: Iwanami Shoten, 1998)
- Shinoda, Tōkō, *Hyaku san sai ni natte wakatta koto* (Tokyo: Gentōsha, 2017)
- Shiomi, Naoki, *Shiomi Naoki no Kyōto hatsu konseputo hachijyū hachi* (Kyoto: Kyoto Shinbun Shuppan Sentaa, 2023)
- Suga, Atsuko, *Kokoro no tabi* (Tokyo: Haruki Bunko, 2018)
- Suzuki, Setsuko, (ed.), *Nihon jiten* (Tokyo: Kōdansha, 1998)
- Suzuki, Shunryū, (trans. Fujita Isshō), *Zen maindo, bigināzu maindo* (Tokyo: PHP, 2022)
- Takahashi, Ayumu, *Adobenchā raifu* (Tokyo:

A-Works, 2003) Tanikawa, Shuntarō, *Shiawase ni tsuite* (Tokyo: Nanarokusha,2022)

- Toshimori, Yūko, *Yūkosanchi no tezukuri kurashi* (Tokyo: Overlap, 2018)

- Tsubata, Hideko, and Tsubata, Shūichi, *Kikigatari toki o tameru kurashi* (Tokyo: Shizenshoku Shūshinsha, 2012)

- Tsuda, Harumi, *Guddo rukkingu raifu* (Tokyo: Toto Shuppan, 2001)

- Tsuji, Shinichi, *Surō raifu hyaku no kīwādo* (Tokyo: Kōbundō, 2003)

- Tsuji, Shinichi, *Yukkuri de īn da yo* (Tokyo: Chikuma Purimā, 2006)

- Uchida, Ayano, *Shiawase na kokoromochi* (Tokyo: Shufu to seikatsusha, 2022)

- Usui, Yuki, *Kokoro ga tsūjiru hitokoto soeru tsūjiru* (Tokyo, Asa Publishing, 2015)

- Watamoto, Akira, *Yoga o tanoshimu kyōkasho* (Tokyo: Natsume Shuppan, 2022)

- Watanabe, Kaoru, *Chokkan no migakikata* (Tokyo: Gentōsha, 2019)

- Yamada, Tsuyoshi, *Byōki, fuchō shirazu no karada ni nareru furusato mura no shokuyō gohan* (Tokyo: Discover 21, 2021)

- Yanagisawa, Konomi, *Kore kara no kurashi keikaku* (Tokyo: Daiwa Shobō, 2022)

- Yokota, Mayuko, *Hontō ni hitsuyō wa koto ha subete hitori no jikan ga oshiete kureru* (Tokyo: CrossMedia Publishing, 2019)

- Yoshizawa Hisako, *Hyakusai no hyaku no chie* (Tokyo: Chūōkōron Shinsha Inc, 2018)
- Yuki, Anna, *Jibun o itawaru kurashigoto* (Tokyo: Shufu to seikatsusha, 2017)

生活文化 88

心之道：不虛度人生的日式智慧
KOKORO: Japanese Wisdom for a Life Well Liv

作者：貝絲‧坎普頓 Beth Kempton
譯者：游淑峰
主編：湯宗勳
特約編輯：林芳如
美術設計：陳恩安
企劃：鄭家謙

董事長：趙政岷｜出版者：時報文化出版企業股份
限公司／ 108019 台北市和平西路三段 240 號 1-7 樓
發 行 專 線：02-2306-6842 ｜ 讀 者 服 務 專 線：08
231-705；02-2304-7103 ｜讀者服務傳真：02-23
6858 ｜郵撥：1934-4724 時報文化出版公司／信箱
10899 台北華江橋郵局第 99 信箱｜時報悅讀網：ww
readingtimes.com.tw ｜電子郵箱：new@readingtim
com.tw ｜法律顧問：理律法律事務所／陳長文律師
李念祖律師｜印刷：勁達印刷有限公司｜一版一席
2024 年 11 月 29 日｜定價：新台幣 420 元

時報文化出版公司成立於一九七五年，並於一九九
年股票上櫃公開發行，於二○○八年脫離中時集團
屬旺中，以「尊重智慧與創意的文化事業」為信念

ISBN 978-626-396-979-7
Printed in Taiwa

心之道：不虛度人生的日式智慧／貝絲‧坎普頓（B
Kempton）著；游淑峰 譯一一版 .-- 臺北市：時報文化
2024.11；312 面；13×21×1.5 公分 .--（生活文化；088）
譯自 KOKORO: Japanese Wisdom for a Life Well Lived ｜ IS
978-626-396-979-7（平裝）｜ 1. 生活態度 2. 日本美學
180 ｜ 113016751